パパとママの育児戦略

NPO法人 ファザーリング・ジャパン 著

はじめに

　わが国では、平成9年に共働き世帯数が専業主婦世帯数を上回り、それ以降は共働きで育児をする家庭が確実に増えてきています。また、平成28年には「女性活躍推進法」が制定され、ひと昔前まで子どものケアをするのはママの役割だと考えられていたのが、今ではママが仕事と家庭を両立することが「当たり前」になってきています。この変化には、女性の高学歴化や多様な生き方の享受が関係しています。それでは、パパは変わってきているのでしょうか。

　「イクメン」という言葉が出現して、新語・流行語大賞のトップテンにノミネートされたのは平成22年のことですが、この年には政府が「イクメンプロジェクト」を立ち上げ、育児・介護休業（育休）法が改正され父親の育休取得促進を意識したファザーフレンドリーな条項が盛り込まれました。このイクメン現象からもわかるように、パパの子育て参加が社会全体で許容されかつ推進されてきているのは間違いない事実です。また、メディアでも育児をするパパを様々な形で取り上げ注目しています。この傾向を見てもわかるように、パパの子育てに関わりたいという願望は高まってきていると思います。しかし、実際にその願望を行動に移すことが難しいこともパパたちの経験から明らかです。それはパパの育休取得率が平成29年度には過去最高であったものの未だ5.14%であり、ママの取得率の83.2%（厚生労働省 平成29年度 雇用均等基本調査）とは大差があることからも一目瞭然です。

共働き家庭の場合、自分たちが働いているときに誰が子どもの面倒を見るのかが最も重要な課題です。核家族化が進展し、自分の親に子どもを預けることができるパパやママは少なくなりかつ保育園不足が深刻な問題であるわが国では、パパの育児・子育て参加はもはや「チョイス」ではなく「必須」であり喫緊の課題であることは明らかです。本書ではこの課題に挑むべく、パパとママが仕事と家庭を両立するためには、出産前から職場復帰後までどのような戦略が必要であるのかが大変わかりやすく解説されています。

　ところで、パパの子育てを含む家庭参画はママの就労機会を増やし、昇進を促すというプラスの効果があるのは容易に想像できると思います。しかし、パパが家庭内で重要な役割を担うことは他にも多くのプラスの影響をもたらすことが様々な研究からわかっています。二人親家庭の場合、幼少時から頻繁に関与してきたパパを持つ子どもは、パパの関与が少なかった子どもと比べると、情緒的に安定していて、良好な友人関係を築くことができる可能性が高いことがその一例です。また、パパが積極的に家庭参画をすると、ママの気持ちに余裕ができ子育てストレスが軽減され、その結果、ママの養育態度がポジティブに変化するというエビデンスもあります。また、パパの子育ては夫婦間のコミュニケーションを促進する効果があり、妻の幸福感もアップするようです。そして、何よりも、子育てなどに関わることによりパパ自身の幸福感が上昇して、自分が成長したと感じることも多くなります。更に、子どもの怪

Next →　　3

我や発熱など予測不可能なことを経験することで、パパの考え方が柔軟になることもわかっています。

　このようにポジティブな効果が得られるパパの家庭内参画を実現するためには何が必要なのかを考えてみると、まずはパパ自身の働き方の見直しが大切だと思います。「イクメン」が望まれている今日、実際に自分の子どもは自分が育てたいと思っているパパは多いと思いますが、長時間労働を含む職場での働き方がこれまでと同じであれば、何も変わらないでしょう。更に言えば、思い切って育休を取得することも両立戦略のひとつになります。多くのパパは１週間以内という短期間の「隠れ育休」を取ることが多いので、可能であればもう少し長めの育休を経験することで、子ども・妻・パパ自身にとってもっとプラスの効果が期待できます。

　共働き家庭が今後も増え続けていく中で、パパとママが育児や家事をシェアするのは必須ですが、その実現のためには両立戦略を含む家庭運営が必要です。日本ではようやく「ワーク・ライフ・バランス」（ＷＬＢ）という言葉が浸透してきていますが、実際にどのようにＷＬＢを実現するのかについては意外と知られていないような気がします。この意識と行動のギャップを埋めてくれるのが本書で描かれている両立戦略だと思います。本書では産休・育休から職場復帰後までのそれぞれのステップにおけるパパとママの両立戦略を紹介してくれています。また、そもそ

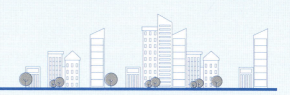

もなぜ両立戦略が必要なのかについても触れられており、その重要性について学びながら、それぞれの読者が実践できる多くの両立戦略について説明されています。働きながら家庭内役割を担おうというパパとママにとって、本書が提供するノウハウは必要不可欠だと思います。

出産から始まり育児・子育てや産休・育休の取得、職場復帰など家庭と仕事の両立に多くの不安がついて回るのは当然です。しかし、これらの不安材料を減らしてくれることが本書の最大の魅力のひとつです。両立戦略をマスターすることは、子育て期のパパとママはもちろんのこと、家庭や職場の方々全員がハッピーになれる「方法」を修得することです。よって、育児期のパパとママだけではなく、政府・地方自治体や企業で様々な形の子育て支援に携わっている方々、そしてパパとママの職場のイクボスや同僚にも本書を手にとっていただければ幸いです。

お茶の水女子大学　基幹研究院人間科学系　教授　石井クンツ昌子

著書『育メン現象の社会学』(2013年)でファザーリング・ジャパンを紹介いただいたほか、FJが主催するフォーラム等に登壇。FJ周年設立イベントなどではFJの活動の意義について、社会学的見地からお話いただきました。そのような経緯から、本書で「はじめに」のメッセージをお寄せいただきました。

CONTENTS

CHAPTER 01

なぜ両立戦略が必要か

01 なぜ共働き家庭が増えているのか.................................12

02 家計にプラス.................................16

03 働く環境も変化している.................................20

04 自分自身にプラス.................................24

05 夫婦にプラス.................................26

06 子どもにもプラス.................................28

コラム 人生100年、仕事も私生活も、よくばろう！.................................30

07 まずは家族のビジョンを考えよう.................................34

■ はじめに.................................2

■ あるパパの体験談.................................29
　連絡カードの活用が妊娠初期の妻を守ってくれた.................................51
　職場との情報共有でパタニティハラスメントを減らす.................................86

CHAPTER 02

我が家の両立戦略を考えよう

01 いよいよ出産！産前・産後の準備 40

02 産休前の働き方で注意すること 46

03 妊娠〜出産時に利用できる制度 48

04 育児休業制度 52

05 家計も考慮しよう 56

06 夫婦で育休を取得するメリット 60

07 育休取得戦略を考えよう 62

08 育休取得までの手順と気をつけること 74

09 パパが育休を取れなかった場合は 78

10 復帰後に活用できる両立支援制度 80

11 ハラスメントへの対応 84

CONTENTS

CHAPTER 03

育休中の過ごし方

- ① 夫婦の経験値の差を開かせない 88
- マナビ 赤ちゃんのお世話について学ぼう 90
- ② 夫婦で家事シェアのコツ 96
- ③ 予防接種や健診について知ろう 100
- ④ 産後うつ 104
- ⑤ パタニティブルー 106
- ⑥ 支援センター＆サークルに行ってみよう！ 108
- ⑦ 夫婦で保活を乗り越えよう 110

CHAPTER 04

いよいよ職場復帰

01	１日のスケジュールをシミュレーション	116
02	職場とのコミュニケーション	120
03	保育園入園の準備をしよう！	122
04	子どもの病気に備えよう！	126
05	チームわが家を構築しよう！	128

CONTENTS

CHAPTER 05

復帰後の働き方&両立テクニック

01 復帰後の1年間は混乱期と心得よう 134

02 確かな明日はない ～育児期のワーク・ライフ・マネジメント 138

03 職場とのコミュニケーション 142

04 子どもの成長と両立 146

05 お互いのキャリアの希望を叶えるために 150

■ ある夫婦の事例 153
■ NPO法人ファザーリング・ジャパンの主なプロジェクト 155
■ ハイブリッド型夫婦でいこう！ 156
■ 編集＆執筆者 158

01

なぜ両立戦略が必要か

CHAPTER 01

なぜ両立戦略が必要か

01 なぜ共働き家庭が増えているのか

- ▶ 性別役割分業から「ともに働き、ともに育てる」
- ▶ 女性活躍推進は「男性の家庭進出」が前提

■「ともに働き、ともに育てる」に意識をスイッチ

　私たちファザーリング・ジャパンは「父親の育児支援」のテーマで、十年以上活動してきました。講演やイベント等を通じて、これまでに数万人のパパやママたちと出会い、様々な相談を受けてきました。そのなか、親の悩みで近年とくに増えているのが「仕事と子育ての両立」に関わる問題です。

　本書は両立戦略、つまり仕事と子育てを両立するためのハウツーや制度などをお伝えする内容ですが、具体論に入る前にまず、意識面のスイッチを求めたいと思います。**性別役割分業意識から「ともに働き、ともに育てる」の考え方に変わることから始めましょう。**
「夫は外で稼いで、妻は家を守る」といった性別役割分業の家庭モデルは、戦後の高度経済成長期にできたと言われています。モノを作れば作るだけ売れた時代には、夫が企業戦士になってモーレツに働き、妻が家事育児の一切をまかなう役割分担が合理的でした。しかし、夫だけが働く片働き家庭は徐々に減り、現在では共働き家庭が多数派（内閣府「男女共同参画白書平成26年度版）です。

1章 なぜ両立戦略が必要か

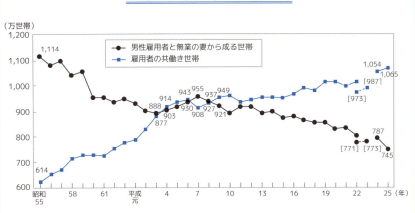

【備考】
昭和55年から平成13年までは総務省「労働力調査特別調査」(各年2月。ただし昭和55年から57年は隔年3月)、14年以降は総務省「労働力調査(詳細集計)」(年平均)より作成。「労働力調査特別調査」と「労働力調査(詳細集計)」とでは、調査方法、調査月等が相違することから、時系列比較には注意を要する。
「男性雇用者と無業の妻から成る世帯」とは、夫が非農林業雇用者で、妻が非従業者(非労働力人口及び完全失業者)の世帯。
「雇用者の共働き世帯」とは、夫婦ともに非農林業雇用者の世帯。
平成22年及び23年の[　]内の実数は、岩手県、宮城県、及び福島県を除く全国の結果。

■ 夫の収入だけではやりくりできない!?

　片働きが減り、共働きが増えている理由はいくつかあります。ネガティブな要因で大きいのは、稼ぎ手である夫の収入が増えなくなり、妻も働かざるをえなくなったことです。

　片働きが主流だった経済成長期は、給料が右肩あがりに増えました。しかし、バブル崩壊後に平均給与は下がり続けています。この数年で多少もち直したものの、かつての水準には戻らないでしょう。
（国税局「平成28年分民間給与の実態調査結果」）

CHAPTER 01

　そして、年功序列で給料が増えることもなくなりました。日本的経営の特徴といわれる年功型賃金制度は、20代は給料が低くても30代40代とキャリアを積むなかで給料が増え、50代でピークに達する形でした。そして、子どもの塾代や大学進学費用など教育費が最も嵩む50代になって収入が増えることを、大半のサラリーマンは納得して受け入れていました。

　しかし、企業が成果主義を導入したことで年功型賃金が崩れ、50代になる前に給料が頭打ちになりました。しかも残業にも規制がかかるようになり、リストラなど雇用不安の心配が先に立つ昨今です。
　もはや夫だけの収入で家計を成り立たせることができなくなり、妻も働かないと生計がやりくりできません。**共働きが増えた一因は、夫の収入減に伴う生活防衛**です。

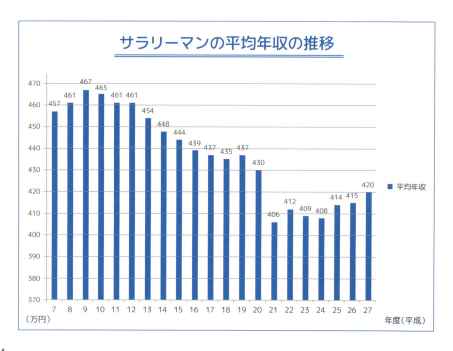

■ 女性の社会進出の前提は「男性の家庭進出」

　一方、共働き家庭が増えたポジティブな要因もあります。育児休業制度や保育園整備などの両立支援策が充実し、結婚出産後も積極的に働き続ける女性が増え、共働きが普通のことになりました。

　女性が結婚すると寿退社が当然視されたのは遠い昔の出来事です。マタハラや待機児童といった問題はありつつも子育てしながら働き続ける制度は整いました。

　政府が女性活躍推進に力を入れており、女性の管理職を3割にする目標を掲げています。キャリア志向の女性に追い風が吹いています。

　ただ、一般的に管理職になる年代は30代以降であり、子育て期にあたります。スローガンのように「女性が仕事で輝く！」と言われても、仕事に加えて育児も家事もしなければいけない状態であれば「三重苦」です。

　さらに、出産年齢が高くなったことで子育てと親の介護を同時に迎えるダブルケアが増えています。仕事＋家事＋育児に介護も入って「四重苦」となれば、とても身動きがとれません。仕事と家庭の両立が困難となり、どれかを諦めねばならないとなったら「仕事を諦めます」の選択になるのは致し方ないことです。

女性活躍でむしろ頑張るべきは、男性です。仕事と家庭を両立するには、夫が育児家事を担うことが不可欠です。夫が家事や育児をすることでようやく、女性は仕事にパワーを配分することができます。女性の社会進出には「男性の家庭進出」が前提なのです。

CHAPTER 01

なぜ両立戦略が必要か

02　家計にプラス

POINT
- 妻の産後の退職で生涯賃金は大きく変わる！
- 共に働き続けることが家計を安定させる！
- 固定的な役割分担からお互いを解放しよう！

■ 妻の生涯所得賃金は家計に影響大！

　右ページの図にあるように、女性が二人の子どもを出産後も正社員として働き続けた場合の生涯所得は2億3,008万円となります。一方、第一子を出産後に退職し、そのまま働かなかった場合は、3,795万円と働き続けた場合と比べて1億9,200万円ほどの差があり、子育てが落ち着いてからパートで雇用された場合は6,147万円と1億7,000万円ほどの差があります。

　時短制度を子どもが3歳になるまで活用した場合でも生涯所得は2億2,070万円で、働き続けた場合と比較してもその差は1,000万円ほどしか変わりません。最も大きな差では2億円近くになります。この金額を受け取り、二人で家庭も支えることで、人生の選択肢はとても多くなります。

　特に子どもが小学生や中学生の頃には貯蓄も大いにできますし、老

後に受け取る老齢年金も増えます。また健康である間は働き続けることで、老後までに準備する資金も少なくてすみます。お互いの働き方は家族との時間に大きく関わってきます。収入、子育ての方針、そして妻のキャリアへの考え方について、タイミングをみて、何度もよく話し合いましょう。

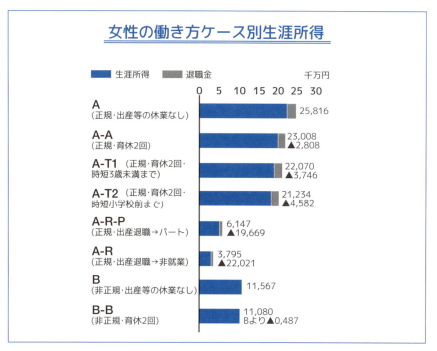

資料：厚生労働省「平成27年賃金構造基本統計調査」、及び「平成25年就労条件総合調査」から作成

■ 共働きは家計の安定につながる

　男性の収入が高ければ、女性は専業主婦がいいと考える方もいますが、家計の安定を考えるとリスクの高い選択肢と言わざるを得ません。
　今は問題なく貯蓄もできていると思っていても、ある日突然どちらか

CHAPTER 01

が職を失うこともありますし、単身赴任で思わぬ支出が増えることもあります。親を介護することになるかもしれませんし、パートナーが先立つこともあるかもしれません。人生100年時代と言われるようになった私たちは、長期的な目線でお金について考えておくことが必要です。

　何かが起きてから急に仕事を探すのはとても難しいことです。それよりも**産前産後休暇や育児休業、時短制度などをお互いに活用しながら働き続けることの方が家計の安定に繋がります。更に、子どもが手のかかる未就学時期を共に乗り越えることで、良きチームメイトにもなれます。**

　この時期は、共働きだと世帯収入が多くなる分保育料や雑費も高くなります。保育料のためだけに働いているみたいで悩ましいという人も多くいます。しかし、子どもが小学校に入学すると、支出は大きく減るので、「お金がかかるのはこの時期だけ」と考えて、時間を効率的に過ごすことに集中する方が良いでしょう。

　保育料以外には大きな支出がありませんが、とにかく時間が惜しい時期です。お惣菜や外食、時には家事代行を活用したり、食器洗い器・お掃除ロボット・洗濯乾燥機などのスマート家電を使ったりすることによって少し支出が増えても、家事時間を短縮し、貴重な家族との時間を作ることができます。

　将来何があっても、大事な家族を守れるように、**仕事も家事育児も二人で行うことは、良きパートナーになる基本だと考えましょう。お金について考えるということは、生き方について考えることになります。**どんな人生を歩むかで必要なお金が変わってきます。

　いつどのくらい稼ぎ、どのような暮らしに使うのか、よりよく生きるために二人の働き方を考慮したライフプランを考えてみましょう。

■ 大黒柱呪縛からの解放

　男性は働き、女性は家庭を守るという固定的性別役割分担意識な生き方のモデルは、もはやお互いにとって苦しいものとなっています。

　男性も女性も、男性が稼ぎ、女性は家庭のことをやるものだと考えることで、男性は職場環境が悪い場合にもやめられずに体調を崩したり、最悪の場合には自殺したりすることもあります。

　一方、家事や育児は女性がやることだと女性も男性も考えてしまうと、女性は生まれたばかりの赤ちゃんと一人で向き合うことになり、頑張りすぎることで産後うつになることがあり大きな問題となっています。**共に働き、共に家事育児を行うことで、お互いの負担を軽減でき、またお互いの理解を深め、何よりも家計にもプラスとなります。家事・育児だけでなく家計の担い方も夫婦で考えてみましょう。**

なぜ両立戦略が必要か

03 働く環境も変化している

- ワーク・ライフ・バランスは経営管理職に他人事だった
- イクボスが中心となって働き方改革を行おう

■ ワーク・ライフ・バランスから働き方改革へ

　本書を手に取られた方であれば「働き方改革」の言葉は聞いたことがあると思います。

　深夜残業など長時間労働を当然視する職場では、子育てを犠牲にした働き方を強いられます。仕事と子育ての両立の悩みを解消するためにも、長時間労働を前提とした働き方を変えなければなりません。**数多くのパパママから「会社の働き方が変わってほしい！」と悲鳴のような訴えを聞きます。**

　働き方改革の前は「ワーク・ライフ・バランス」の言葉がよく使われました。ワーク・ライフ・バランス啓発のための様々なイベントが各地で行われ、働く人の育児や介護を支援するための制度が整備されました。

　一方で、ワーク・ライフ・バランスは企業で浸透しているとは言い難いです。その原因は、仕事と家庭の両立に葛藤を感じない経営管理職にとってワーク・ライフ・バランスは他人事になっているからです。

　妻に育児家事を一切任せて仕事オンリーな経営管理職の男性を、私たちは「粘土層」と呼ぶことがあります。粘土のように頭が固くて変わら

1章 なぜ両立戦略が必要か

ないことを表す比喩です。危機感がある経営トップは組織変革を図ろうとし、若い層は「変わってほしい！」と願うのですが、中間層にいる粘土層管理職の思考と行動がなかなか変わりません。多くの組織でワーク・ライフ・バランスが広まらないのは、粘土層がネックになっているからです。

　この点において、ワーク・ライフ・バランスと働き方改革では対象層に違いがあります。**働き方改革は全従業員に関わるテーマであり、粘土層もターゲットです。ワーク・ライフ・バランスで対象外になりがちだった片働きや独身者も、働き方改革では当事者になります。**

　働き方改革が大きく動いたきっかけは「電通事件」でした。2016年10月に電通の新入社員で自殺された高橋まつりさんの労災認定がなされ、世論の批判が高まったのを受けて電通の社長が辞任。その後、労働基準監督署が電通本社と支店を捜査し、幹部が書類送検されました。電通事件のニュースをみて、経営トップは「私も逮捕される!?」と青ざめました。ワーク・ライフ・バランスでは他人事だった粘土層が、働き方改革を自分事にした瞬間でした。

CHAPTER 01

■ イクボスが増えれば、社会が変わる。

　経営管理職の意識を変革すべく、ファザーリング・ジャパンは２０１６年から「イクボス・プロジェクト」を始めました。

　父親の育児支援をしている私たちが、なぜ働き方改革を手がけるのか。それは、「**父親が育児したいと願っても、長時間労働の働き方では育児できない**」からです。遅くまで残業した父親が深夜帰宅する頃には子どもは寝ています。朝の出勤が早いと起きている子どもと会うことは叶わず、親父の背中すらわが子に見せる時間が取れません。

　父親が育児をできるようになるために最も変えるべきは、長時間労働を前提とした働き方です。そして、長時間労働の働き方を止めるには、経営管理職の意識変革と行動変容が鍵となりました。

　イクボス・プロジェクトを始めた頃、「イクボスって育児するボスですか？」と勘違いされることがありました。もちろん、育児のボスではありません。育児に限らず介護など様々な制約を抱える部下が増えるなかで、**部下を応援し、ボス自身のプライベートを充実させながら、時間生産性を高めて成果を出すのがイクボスです**。

　イクボスを日本中に増やすため、働き方改革の先進企業と共に「イクボス企業同盟」を結成しました。続々とエントリーする企業が増え、２００社近い企業が加盟しています。(2018年6月13日現在187社)

■ 女性にとって働きやすい職場は男性も働きやすい

　イクボスと働き方改革と女性活躍の3点はワンセットの施策です。イクボスが中心となって働き方を見直すことで、女性活躍は進みます。残業や深夜勤務が当たり前となる働き方をやめ、時間生産性を重視した仕事の進め方とチームワーク向上により、定時退社で十分な成果を出せる働き方に変わることで、男性は育児ができるようになり、女性は管理職になってもいいと思えるものです。

　昔は「職場に家庭を持ち込むな」とよく言われたものでした。今はむしろ、「職場に家庭を持ち込もう」でうまくいきます。子育てに限らず、介護や看病など働き方に制約のある社員が多数派になりました。**お互いに抱えている制約を理解しあい、配慮したマネジメントをすることで、女性にとっても男性にとっても働きやすい職場にすることができます。**

CHAPTER 01

なぜ両立戦略が必要か

04 自分自身にプラス

- 育児は育自。「親をする」ことで親も成長する
- 育児で仕事力アップ！育児は仕事の役にたつ

■ 子育ては親にも大きなメリットをもたらす

　子育ては、子どもを育てているようでいて、親自身が育てられているところがあります。育児は「育自」であり、親育ちです。右表にあるように、「親をすること」によって柔軟性や自己抑制など様々な面において親は成長することができます。

　育児で仕事力も高まります。子育て中の女性は職場でリーダーシップなどの能力が高まることが研究で明らかにされています。（浜屋祐子・中原淳『育児は仕事の役に立つ』光文社新書）

　育児で高まる仕事力の一つに、タイムマネジメントがあげられます。「赤ちゃんが寝ているうちにアレとコレをして」と段取りを素早く考える癖がつき、職場に復帰すれば保育園のお迎えに間に合わせるべく効率的な仕事を心がけるようになるでしょう。

　ストレスマネジメントにも強くなります。子育ては思うとおりにいかないばかりでストレスが溜まります。育児で気持ちが煮詰まったとき、仕事に出かけることで気分転換を上手に図ることができます。逆に、仕事で受けたストレスは家で子どもと過ごす時間のなかで癒されます。

■ 1章　なぜ両立戦略が必要か

「親をする」ことにより親自身も成長・発達する

柔軟性
- 角がとれて丸くなった
- 考え方が柔軟になった
- 他の人に対して寛大になった

自己抑制
- 他人の迷惑にならないように心がけるようになった
- 自分の欲しいものなどが我慢できるようになった
- 他人の立場や気持ちをくみとるようになった

運命・信仰・伝統の受容
- 物事を運命だと受け入れるようになった
- 運や巡り合わせを考えるようになった
- 常識やしきたりを考えるようになった

視野の広がり
- 日本や世界の将来について関心が増した
- 一人一人がかけがえのない存在だと思うようになった
- 弱い立場の人に思いやりをもつようになった

生き甲斐・存在感
- 生きている張りが増した
- 長生きしなくてはと思うようになった
- 自分がなくてはならない存在だと思うようになった

自己の強さ
- 多少他の人との摩擦があっても自分の主張は通すようになった
- 自分の立場や考えはちゃんと主張しなければと思うようになった
- 物事に積極的になった

出所：柏木恵子・若松素子（1994）「親となる」ことによる人格発達：生涯発達視点から親を研究する試み
　　　発達心理学研究　Vol. 5 No.1pp.72-83 から抜粋

　子育ては期間限定のプロジェクト。親自身が成長し、やり甲斐の大きな仕事をママだけに独り占めさせるのは勿体ない！父親たちに強調したいところです。

CHAPTER 01

なぜ両立戦略が必要か

05 夫婦にプラス

- ワンオペ育児ではなくチーム育児で取り組む
- 夫婦の会話と家事育児シェアで離婚防止

■「夫婦二人で」が夫婦の絆を強化

　子育ては親にもメリットがあると述べたばかりですが、子育てはメリットのあるなしに関わらず、親としてやらなければならないものです。子育ては楽しいことばかりではなく、辛いことやしんどい場面が多々あり、義務感でやっていると追い詰められてきます。ママだけが（あるいはパパだけが）頑張る「ワンオペ育児」になると、育児のつらさが強調されてしまいます。

　ワンオペではなく、夫婦で力を合わせる「チーム育児」で取り組んでいきましょう。育児と家事のほとんどを妻が担っている家庭が大半ですが、夫が育児家事をできるかぎりシェアすることを勧めたいです。

　子育て期の年代は、仕事に脂が乗っている時期に重なります。責任のあるプロジェクトを任され、上司や取引先から期待され、仕事のアクセルを踏み込みたい気持ちも分かります。

　しかし、仕事で家庭を省みないことによる代償は大きいです。育児をしない夫に妻の愛情は低下するからです。夫婦関係が冷めた状態で定年後を迎えると熟年離婚の危機に陥ります。ワークライフバランスより重視すべきは、ワーク「ワイフ」バランスです。

1章 なぜ両立戦略が必要か

> ### 「円満夫婦」は「不満夫婦」より
> ### 夫婦の会話時間が３倍長い
>
> 「夫婦の会話時間」に大きな違いがあった。「円満夫婦」の夫婦の会話時間は
> 「不満夫婦」の3倍長い。また、「不満夫婦」は平日ほとんど会話をしていない。
>
> | 「円満夫婦」 | | 「不満夫婦」 |
> |:---:|:---:|:---:|
> | 夫婦平日会話時間
58分 | ＞ | 夫婦平日会話時間
18分 |
> | 夫婦休日会話時間
2時間 | ＞ | 夫婦休日会話時間
42分 |
>
> N= 円満夫婦 972, 危機的夫婦 494

　子育ては夫婦パートナーシップの強化トレーニング。夫婦がチームになって子育てに取り組むことは、子どもが巣立った後で夫婦ふたりきりになる30年後の熟年離婚防止に保険をかけるようなものです。

　ファザーリング・ジャパンが行った「結婚と離婚に関する意識調査」（2016年実施）では、「離婚したい」「別居したい」と思ったことがある夫は35％、妻は50％となり、妻の半数は離婚を考えたことがありました。そして、家事育児分担満足度の高い妻は離婚願望が少ない結果が出ました。

　「円満夫婦」（夫婦関係に不満がなく「離婚したい」と思ったことがない）と「不満夫婦」（夫婦関係に不満があり「離婚したい」と思ったことがある）には、二つの要素で違いがあります。「家事育児分担満足度」と「夫婦の会話時間」です。

　「円満夫婦」の夫の家事時間は「不満夫婦」より平均で10〜15分程度長く、育児時間は20〜30分長い。「円満夫婦」の夫婦会話時間は「不満夫婦」の３倍長い結果となりました。

　将来離婚したくない、離婚されたくないのであれば、夫が家事育児することと、夫婦の会話時間を増やすことが効果的です。

なぜ両立戦略が必要か

06 子どもにもプラス

POINT
- 夫婦の関わりで子どもの自己肯定感を育む
- 親以外の大人も関わり、子どもの自立を促す

■「夫婦で子育て」は子どもの自己肯定感を育む

　夫婦でともに育児に取り組むことで、何よりも恩恵を受けるのはわが子です。夫婦がともに愛情を注ぐことで「私はパパにもママにも愛されている！」と子どもは感じ、自己肯定感が高まります。自己肯定感の高い子どもは情緒が安定し、人にやさしく接することができ、チャレンジする意欲が湧きます。

　子どもの健やかな成長のためにも、チーム育児で取り組みましょう。

　夫婦で子どもへの関わり方が違っても構いません。父性と母性の異なるアプローチで関わることで、子どもの好奇心と価値観が広がります。

母性
- やさしさ、包む
- 無条件の保護
- 自尊感情や自己肯定感を育む

子育て力

父性
- 強さ、切る
- 条件付きの愛情
- 道徳心や社会性を養う

1章 なぜ両立戦略が必要か

　子育てのゴールは自立です。子どもはいつか親の元を離れていきます。いつかは自立する子どものためにも、いつまでも親の監視下におくのではなく、親以外の様々な大人に関わる機会をつくるのがよいのです。

　子どもが思春期を迎えたとき親の価値観を越えて成長するために、親以外の大人と出会うことが大切です。そのなかで将来の憧れとなるロールモデル（大人の見本）に出会えたら、子ども自身が描く未来像は明確になり、具体的な目標をもって生きることにつながります。

　そして、子どもたちにとって最も身近なロールモデルは親自身です。私たちが子どもの頃にそうであったように、わが子は親の生きる姿をみながら成長します。もし、子どもに夢や希望をもって明るく生きてほしいと望むなら、親が自らの夢と希望を語るべきです。

あるパパの体験談

　私も妻も電車通勤。自宅から職場までは夫婦ともに電車で1時間ほどかかります。ある日の夕方のこと。この日は私が2歳になる息子を保育園に迎えに行くことになっていましたが、台風の影響で帰宅時間に電車が止まってしまいました。電車は復旧の目処が立たず、慌てて妻に連絡を取りましたが、妻も同じ状況。そこで、地域の支援センターで出会い、家族ぐるみで付き合っているパパ＆ママ友に連絡。子どもが同じ保育園に通っていることもあり、すぐに迎えに行ってくれました。電車が復旧し、いそいで息子を迎えに行くと、息子は仲良しの友達と一緒に遊んでご機嫌。地域で一緒に子育てをする仲間の有り難さが身にしみた経験でした。私たち夫婦が地域と関わる背中を見て、息子も人と関わるのが大好きな大人に成長して欲しいと思っています。

コラム

人生１００年、
仕事も私生活も、よくばろう！

NPO法人ファザーリング・ジャパン理事　川島 高之

POINT
- ワーク・ライフ・ソーシャル＝ハイブリット生活を
- 長期目線と基軸、私生活が仕事能力を高める

■「人生１００年時代には、マルチ（ハイブリッド）生活を

「人生１００年時代」とはそもそも何だろうか。一言で言うと、「長い人生、色んなことをやろうぜ」というもの。

図１のようにワーク・ライフ・ソーシャルを楽しむハイブリッドな生活が「人生１００年時代」を楽しむコツだ。

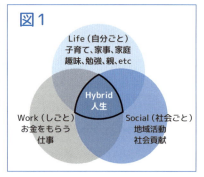

図1

■ あなたは、いくつの居場所を持っていますか？

「人生１００年時代」は、「ライフシフト」が日本でもバカ売れし、政府も「人生１００年時代構想会議」を設置し、急に注目されるようになったが、実は、かなり以前からこの考え方はあった。図２にあるように、（特に男性は）仕事や職場という居場所だけではなく、自分ゴトや社会ゴトという居場所、活躍する場、頼られる場、楽しむ場を持とうというもの。それが１００人生をデザインする際に重要な無形資産の形成を助けることになるだろう。

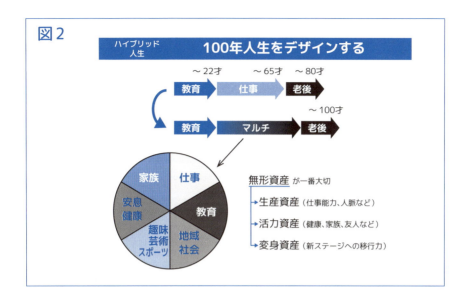

■ 夫へ「広義のイクメンに」、妻へ「戦後初のチャンス」

「複数の居場所を持とう」を、両立世代の夫（男性）と妻（女性）に分けて身近なことで述べると次のようなことだ。

夫（男性）へ

　バギーを押し、保育園に連れて行くだけが子育て（イクメン）ではない。カジメン（家事炊事）も、イキメン（地域活動）も、社会貢献も、広い意味での「子育て」という意識を持とう（次ページ 図3参照）。
　子育ては期間限定の特権、子どもは地域デビューのパスポート、家事を通じて自律型の人になる、地域活動ほど楽しいものはない、そして自分の能力の社会還元、などがキーワードか。

妻（女性）へ

　政府がここまで「女性活躍」に力を入れているのは、日本で初めて（少なくとも戦後初）。また女性が活躍している企業は業績好調というのが

> コラム

証明されたこともあり、多数の職場で女性の活躍を大歓迎している。

だから、出産後も「**かまどの火を消さず**」に復職し、職場で能力を発揮してほしい。

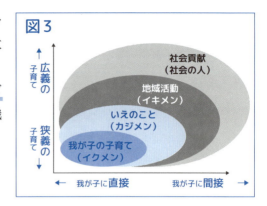

■ 私生活が、仕事能力を高めてくれる

そうやって、ハイブリッドな生活を送っていると、仕事能力が高まる。つまり**仕事と私生活はシナジーな関係**。どういうことか？

まず、自分ゴトや社会ゴトをやっていると、視野や人脈が広がり、発想力が高まり、コミュニケーションやアイデアの引き出しが増え、マネジメント能力も向上する。

参考までに、私のマネジメント能力を高めてくれたのは、PTA活動での経験だ。PTA組織は、専業主婦、先生、地域の重鎮など多種多様な人々で構成されていて、共有用語は少なく、「あうんの呼吸」も利かず、目指している方向や生活スタイルも異なる。

そんな組織をまとめてきた経験は、職場のマネジメント能力を高めてくれるのは言うまでもない。「**MBAよりPTA**」というのは、講演での私の常套句。

また、自分ゴトや社会ゴトの時間を持つためには、仕事を濃縮させざるをえない。それを何年もやっていると、仕事の段取り、効率性、主体性が高まっていく。更に、人生満喫、幸福度が高いので、笑顔になり健康度が増し、精神が安定し、働く意欲が向上する。

これらは全て、仕事の能力や成果に直結している話だ。

■ 人生100年時代のヒケツ「人生のオーナーシップをとる」

　では、こうやってハイブリッドな100年人生を過ごすために、もっと身近で言うと、仕事と私生活を両立している今、どんな心構えを持てば良いのか。

　一つ目は、「他人と比較し過ぎない」こと。勤め先の有名度や職場での出世、子どもの成長や進学先、そんなもの、人それぞれ。

　二つ目は、「公私混同OK」、公と私はシームレスな考えを持とう。前述した公私のシナジーという観点だけではなく、仕事しながら夕食のメニューを考え、移動しながらPTAのメールを読み、子どもをお風呂に入れながら仕事のアイデアを考え、私生活でのインプットを仕事のアウトプットに活かす、みたいなイメージだ。参考までに、私は10数年前、勤めていた大手商社で社内ベンチャーを興し、数年後に上場した。詳細は割愛するが、仕事上の専門性（ファイナンス）に、私生活の経験（子育て）を掛け算して生まれた事業だった。

　三つ目は、仕事でも私生活でも、目先の利益や出世より「長期目線を持つ」こと、腹八分目でOKという「良い加減さを持つ」ことなども挙げておく。

　そして四つ目、何よりも大切な心得が、「人生のオーナーシップをとる」ことだ。

　自分の人生を会社に見立て、貴方はその会社の経営者（CEO）。

　CEOとして、会社（自分）の基軸を持ち、大切にしている人を守り抜く。基軸や大切な人以外は、「捨てる、流す、固執しない」覚悟を持つことだ。

CHAPTER 01

なぜ両立戦略が必要か

07 まずは家族のビジョンを考えよう

- 家事・育児分担の前にお互いの希望を共有する
- 家族の価値観＝ビジョンを軸に戦略を考える

■ 両立戦略は単なる家事・育児分担にあらず

「両立戦略」というと「家事・育児分担をどうするか」という点に飛びつきがちです。しかし、その前にまず考えなければいけないのは、「家族のビジョン」。家族として何を大切にしていきたいか、夫婦のそれぞれがどのような働き方を望んでいるか、どのようなキャリアプランを描いているか、どのような環境で子どもを育てたいか等、家族として大切にしたい価値観やそれぞれの希望のざっくりとした未来図です。

このビジョンを共有せずに家事・育児分担の話をしても夫婦共通の軸がなく、それぞれの価値観や考えで話すため、折り合いが難しくなります。

そのような状態で話し合っても「自分の方が大変！」と苦労の張り合いになったり、家事の押し付け合いになったり、夫婦のどちらかが我慢して負担を引き受けたりとモヤモヤしたまま終わってしまいがちです。

まずは、夫婦でざっくりでもいいので、自分たち家族がどんな家族でありたいかを話し合い、そのビジョンを軸に両立戦略を検討することが大切です。

「さあ、家族のビジョンを話し合おう！」とかしこまる必要はなく、雑談レベルでも構いません。「子どもが小学生になるまでにはお互いにフルタイムでしっかり働けるようにしたいね」「家族でご飯を一緒に食べることは大切にしたいね」「子どもだけでなく、親のやりたいこともできる限り叶え合えるようにしたいね」という思いを共有することで、話し合いの基準が定まり、お互いに建設的に話し合いをすることができます。

■ まずは、自分自身のキャリアプランを考えてみる

子育て中の共働き夫婦と話をすると、「キャリアプランは上司とは共有しているけれど、パートナーや家族とは共有していない」という人が多くいます。また、結婚や出産といったライフイベント毎に自身のキャリアと向き合う機会が多い女性に比べて、男性の方がキャリアプランや働き方について考えている人が意外と少ないようです。

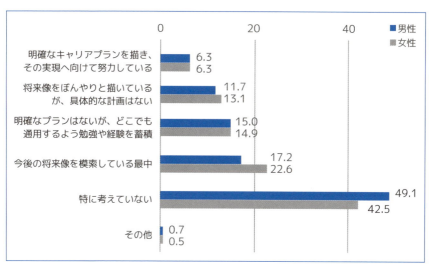

n=2,782
アデコ株式会社調べ (2016)

CHAPTER 01

　ある人材サービスを提供する企業が調査した結果を見ても子育て世代に限らず、男性より女性の方がキャリアプランについて考えているという傾向が見られました。

　パパもママも子育て期は毎日家事や育児に追われ、キャリアどころか自分自身のことについて考える余裕がなくなります。「今日」を乗り越えるのに精一杯で、頑張っても1週間先を考えるのがやっとです。子どもが熱を出して保育園から電話がかかってきたり、夜泣きが続いたり、思うように仕事に時間を費やせなかったりすると半年後に自分が仕事を続けていられるかどうかさえ不安になります。**夫婦のどちらかに家事育児が偏っている場合は、5年後、10年後のキャリアについて考えることは容易なことではありません。**「こうしたい」という希望があっても実現する自信をなかなか持てません。

　だからこそ、夫婦で協力し日々の生活に時間的、精神的余裕を生み出すことが重要になります。そうすることで夫婦の両方が自分の働き方や生き方を前向きに考えられるようになります。

　夫婦のどちらかが時間に制約のある働き方をしている場合は、家庭にいる時間が長い方が家事・育児を担う傾向があります。でも、**将来的にどのような働き方を望んでいるかを共有することで、「どうして今、夫婦で家事育児をシェアする必要があるのか」が明確になり、双方の納得感が高まります。**パートナーの理解と応援を得ることで気持ちにも前向きになり、希望を現実にする意欲も湧いてきます。そうすると、日々の家事・育児も二人で納得して協業体制を作りやすくなります。

1章　なぜ両立戦略が必要か

　次ページのワークシートを使って今と5年後の自分の働き方と家庭の協業体制を表してみましょう。もし、現状の「〇」と5年後の「☆」が違うところにあれば、どうしたら「〇」から「☆」に近づけるかの戦略を考えなければなりません。日々の家事・育児分担を量的に公平にすることで近づけていくのか、それとも、数年ごとに攻守を交代して近づけていくのか、方法は様々です。得られるサポートや職場環境も各家庭によって違うでしょう。

　ある夫婦は2年ごと、ある夫婦は1年のうちで前期と後期、ある夫婦は月の前半と後半で攻守を交代しています。夫が昇進したら妻が昇進するまでは夫が家事育児の主担当になるという夫婦もいます。**大切なのは、「その時になって可能だったらこうしよう」ではなく、「どうしたら実現できるか」をある程度計画的に考えつつ柔軟に対応するという姿勢です。その過程が夫婦の信頼関係強化に繋がります。人生100年時代。夫婦で協力することでワクワクした人生になるでしょう。**

CHAPTER 01

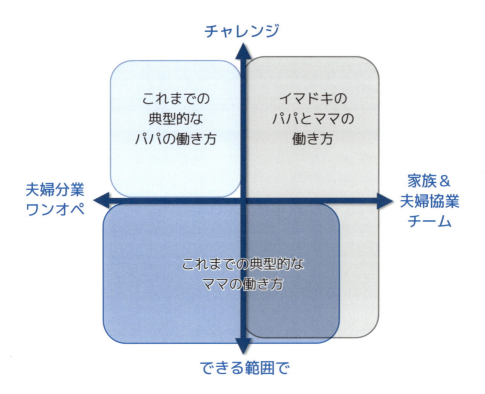

■ 両立戦略　現状と希望を把握しよう！

縦軸は仕事への意識、横軸は家庭運営の体制です。
現状を○印、5年後、または、10年後を☆印で示してみましょう。
まずは夫婦別々で記入し、その後に共有してみましょう。

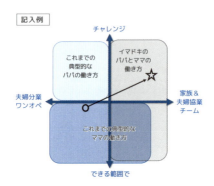

02

我が家の両立戦略を考えよう

CHAPTER 02

我が家の両立戦略を考えよう

01 いよいよ出産！産前・産後の準備

- 妊娠は先送りにしない方がおすすめ
- 妊娠・出産・育児の知識は夫婦そろって学ぶ
- 産後6週間のサポート体制を組む

■ 出産と仕事との兼ね合い

「子どもが欲しい」と思ったとき、まずは夫婦で相談すると思いますが、それと同時に気になるのが仕事との兼ね合い。仕事は次々と発生してくるものなので、「この仕事が一段落したら」「次のプロジェクトが終わったら」と思っているうちに、どんどん歳を重ねてしまうということにもなりかねません。

また、共働きで大都市圏に住んでいる場合は、保育所の待機児童問題も気になります。保育所は1年中、いつのタイミングでも入れるのですが、待機児童問題のため、ほとんどの子どもたちが4月入園（進級・進学時期によって空きができる）となっています。

0歳児クラスがある園と、ない園があります。預かる時期も、生後2ヵ月から、生後6ヵ月からなどばらつきがありますから、地域の保育所の状況を調べておくといいでしょう。自治体のホームページなどもチェックしてみましょう。

また0歳児は定員が少ないので、1歳児から保育所に預けるという考え方もあります。夫婦で連携して育休を取得するなど（63ページ参照）して、入園までの期間を過ごしましょう。

2章 我が家の両立戦略を考えよう

「保育所に入れるには子どもの生まれ月をいつにしたら入りやすいのか」というところから逆算して考える夫婦もいるようです。

日本の現状では平均初婚年齢は男性31.1歳、女性29.4歳(2016年人口動態統計特殊報告)。平均初産年齢は30.7歳(2016年)です。「妊娠力は自然妊娠のデータを見ると20代後半から下がり始めるようです。また、自然妊娠ではなく体外受精で出産できる率の低下が始まる年齢は33歳くらいです」(『卵子老化の真実』(文藝春秋)著：河合蘭氏)というデータも知っておきましょう。さらに、なかなか授からず不妊治療にチャレンジする夫婦や、一人目は授かったものの、二人目不妊に直面している夫婦も少なくありません。もちろん計画通りに妊娠することもありますが、こればかりは確実ということはありません。計画するよりも、「赤ちゃんが欲しい！」という気持ちを尊重することが大切なのではないでしょうか。

また産後の復帰のタイミングは、ママの体力回復と、赤ちゃん自身の健康状態にもよります。出産年齢が高まっていることも一因と言われていますが、2500g未満の低出生体重児として生まれてくる赤ちゃんも少なくありません。出産後の仕事復帰のタイミングは、あくまでも計画。赤ちゃんやママの健康状態が最優先ですから、生まれた後の状況によって、赤ちゃんを預けるタイミングや仕事復帰など、夫婦で相談して決めましょう。

CHAPTER 02

■ 妊婦健診にはできるだけ同行しよう

「妊娠かな?」と思ったら、まずは市販の妊娠検査薬で調べる方も多いでしょう。あくまでも自己チェックですから、早めに産婦人科を受診することが大切です。妊娠検査薬では正常な妊娠でない場合も陽性反応が出るため、子宮外妊娠などの異常妊娠でないかを確認します。初診料は5,000円前後が多いようです。赤ちゃんの心拍が確認できたら、自治体に母子健康手帳(母子手帳)を交付してもらいます。約14回の「妊婦健康診査受診票」も配布され、この受診票を使うと妊婦健診費用が助成されます(自治体によって回数や助成内容が異なります。健診内容により、自己負担もあります)。

初回は、プレママ1人で受診するかもしれませんが、妊婦健診にはできるだけ同行しましょう。赤ちゃんの心音を確認したり、超音波エコー検査(基本的に毎回ではありません)でおなかの赤ちゃんの様子を一緒に確認できるかもしれません。

妊婦健診に同行する場合、待合室が混んでいたらほかの妊婦さんに席を譲りましょう。

同行できなくても、おなかの赤ちゃんの成長に関心をもち、妊婦健診があった日には「今日はどうだった?」と声をかけ、パートナーの体調を気遣いましょう。プレパパは、自分の体に変化がないので、なかなかパパになる実感がわきにくいものですが、パートナーへの気遣い、そしておなかの中にいるけれど、すでに家族の一員と意識していくことが大切です。妊娠中から、「仕事に行ってくるよ」「おやすみ」など、おなかの赤ちゃんに話しかけることによって、家族としての意識が形成され、出産後の子育てがスムーズにいくことが多いとも言われています。

■ 両親学級で妊娠・出産・子育ての知識を得よう

　自治体や産院などでは、母親学級や両親学級が実施されています。最近では平日実施のプレママパパ講座（自治体により「ハローベビー教室」などさまざまな名称があります）に、プレパパが参加する姿も見られるようになりました。講座によっては週末に開催している場合もあります。

　参加してくれるとパートナーとしては妊娠・子育てについて学ぼうとする姿勢を持っていることをうれしく感じますし、何よりも子育ての情報を一緒に学ぶことで知識の差が開きすぎないということも重要です。ぜひ積極的に夫婦で参加しましょう。

母親（両親）学級のプログラム例

- □ 妊娠中の健康管理
- □ 妊娠中の過ごし方や情報提供
- □ お口の健康
- □ 妊娠中の食生活（両親学級で試食があります）
- □ 沐浴などの育児体験
- □ 参加者同士の交流
- □ 赤ちゃんを迎える心構え
- □ お父さんの妊婦体験

（2018年度東京都世田谷区HPより）

里帰り出産？マイタウン出産？

　出産をどこでするのかも大事なこと。夫婦でぜひ話し合いましょう。実家に帰って出産し、その後一定時期を過ごしてから自宅に帰ってくることを「里帰り出産」といいます。里帰り出産をしている人は半数以上というデータがあります（育児情報誌「miku」2017年調べ）。

　これに対して、里帰りしない出産をNPO法人ファザーリング・ジャパンでは「マイタウン出産」と呼んでいます。里帰り出産は日本だけともいわれていますが、これは出産後退院して自宅に帰ってきたときに、パパの帰りが遅く、夫にサポートを頼れない夫婦が多いために選択されているケースがほとんどです。

　里帰り出産は、実母のいる実家に帰るケースが多いのですが、出産年齢の高齢化に伴い、実母も高齢化していて、体力的に負担になったり、また子ども世帯と親世帯のライフスタイルが異なるため、ママが出産後、ストレスを抱えてしまうケースも少なくありません。

　さらに里帰り出産中にママの子どものケアの経験値があがり、パパは抱っこやおむつ替えを上手にできないため、ママがイライラしたり、パパ自身が疎外感を感じてしまうケースもあります。

　里帰り出産を選ぶ場合にも、里帰り期間が長引かないように、夫婦で相談することが大切です。

2章　我が家の両立戦略を考えよう

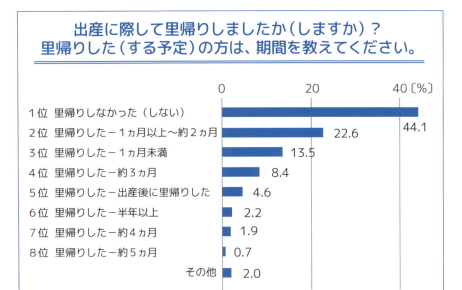

（育児情報誌「miku」2016年）

■ 産後2ヵ月のサポート体制を作る

「出産は病気ではない」という印象がありますし、元気な産後の女性はある程度普通の生活ができますから、妊娠前と同じ生活が送れる気がしてしまいます。でも、出産時に子宮内では胎盤（直径約20cm。手のひらを広げたくらいのサイズ）が剥がれ落ちているため、全治6～8週間ともいわれています。

パパが育休を取るのはもちろんですが。育休を取れなくても定時に帰る、さらに産後サポートや家事サポートなども上手に利用して、ママの体を休ませて、体力を回復してもらいましょう。そのための段取りはぜひパパが担当しましょう。

ママ自身も動けてしまうのですが、なるべく横になり休養することが、体力もメンタルも順調に回復させることにつながります。

CHAPTER 02

我が家の両立戦略を考えよう

02 産休前の働き方で注意すること

- ▶ 上司には早めに相談しよう
- ▶ 産前は日々の生活を見直す準備期間

■ 会社に伝えるタイミング

　妊娠がわかったとき、会社にはどのくらいのタイミングで伝えるべきでしょうか。「安定期に入ってから」と思う方も多いのですが、直属の上司には妊娠がわかったら早めに伝えておきましょう。妊娠中の女性はつわりがひどくなったり、妊娠経過によっては途中、入院などの可能性もあります。流産の可能性もなくはありません。<u>上司には「メンバーへ伝えるのは安定期に入ってからにしていただけると助かります」</u>など、伝えておけばいいでしょう。

　上司が状況を分かってくれていると、妊娠期間中に急にパートナーの体調が悪くなった時の病院への付き添いや自宅ケアなど、上司の理解が得られやすくなるでしょう。

　育休の取得については、安定期に入るころ、夫婦で相談して、早めに上司に伝え、パートナーや上司の了解を得てから同僚やメンバーに伝えましょう。

■ 産前から働き方を見直して、生活を整える

「赤ちゃんが生まれたら、生活を整えよう」と思っても、なかなか急には変えられないもの。赤ちゃんの成長発達のためには、規則正しい生活リズムが大切です。そのためにも、妊娠中から夫婦で、早寝早起きを心掛けるようにしましょう。

ぎりぎりまで寝ていて朝食を摂らなかったり、夜も深夜残業で、食べ物のバランスがよくないなんてことはありませんか。妊娠・出産は、プレママだけでなく、プレパパも自分の生活を見直すチャンスです。

朝食や夕食は家族にとって、貴重なコミュニケーションの時間になります。朝食と夕食を規則正しく食べるためにも、働き方を見直しましょう。

子どもの朝食の欠食率が問題となり、文部科学省が「早寝早起き朝ごはん運動」を進めています。基本的生活習慣の乱れが、学習意欲や体力、気力の低下の要因の一つとして指摘されており、朝食を毎日食べている子どもの方が、学力調査の平均正答率や体力合計点が高い傾向にあるという調査データ（平成28年度文部科学省）があります。

子どもだけにやらせるのではなく、親自身がまずそのような生活リズムをつくることが大切です。

我が家の両立戦略を考えよう

03 妊娠〜出産時に利用できる制度

- パパも母体を保護する法律に基づいた制度を知ろう
- ママの状態を注視！体調不良の場合は職場と相談

■ ママが仕事をするのがつらいとき

　妊娠するとつわりや腰痛など、ママの体調が悪くなることがありますが、ママだけでなくパパも制度を理解しておくことで、ママをサポートすることができます。一緒に学ぶことで夫婦間の情報共有もスムーズになります。

　妊娠から出産までの時期と産後1年以内（これらを併せて「妊産婦」と呼びます）の母体を保護するために、労働基準法や男女雇用機会均等法では様々な定めをしています。例えば、医師の指示があれば、**会社は時差通勤、短時間勤務、体に負荷のかかる作業の免除、長めの休憩時間、休憩回数の増加などの対応をしなければならないことになっています。**長時間の立ち仕事や、重い荷物の上げ下げが頻繁にある業務についている場合は、無理をせず、会社に相談しましょう。

　また、妊産婦からの請求があれば、会社は時間外労働や休日出勤、深夜勤務に就かせることは禁止されていますし、もし変形労働時間制の適用者であったとしても、1日8時間、1週40時間を超えて働かせることはできません。

■ 2章　我が家の両立戦略を考えよう

母性健康管理指導事項連絡カード

平成　　年　　月　　日

事 業 主 殿

　　　　　　医療機関等名 _____

　　　　　　医師等名 _____ 印

下記の1の者は、健康診査及び保健指導の結果、下記2〜4の措置を講ずることが必要であると認めます。

記

1. 氏 名 等

氏名		妊娠週数	週	分娩予定日	年	月	日

2. 指導事項（該当する指導項目に〇を付けてください。）

症状等			指導項目	標準措置
つわり	症状が著しい場合			勤務時間の短縮
妊娠悪阻				休業（入院加療）
妊娠貧血	Hb9g/dl以上11g/dl未満			負担の大きい作業の制限又は勤務時間の短縮
	Hb9g/dl未満			休業（自宅療養）
子宮内胎児発育遅延	軽 症			負担の大きい作業の制限又は勤務時間の短縮
	重 症			休業（自宅療養又は入院加療）
切迫流産（妊娠22週未満）				休業（自宅療養又は入院加療）
切迫早産（妊娠22週以後）				休業（自宅療養又は入院加療）
妊 娠 浮 腫	軽 症			負担の大きい作業、長時間の立作業、同一姿勢を強制される作業の制限又は勤務時間の短縮
	重 症			休業（入院加療）
妊 娠 蛋 白 尿	軽 症			負担の大きい作業、ストレス・緊張を多く感じる作業の制限又は勤務時間の短縮
	重 症			休業（入院加療）
妊娠高血圧症候群（妊娠中毒症）	高血圧が見られる場合	軽 症		負担の大きい作業、ストレス・緊張を多く感じる作業の制限又は勤務時間の短縮
		重 症		休業（入院加療）
	高血圧に蛋白尿を伴う場合	軽 症		負担の大きい作業、ストレス・緊張を多く感じる作業の制限又は勤務時間の短縮
		重 症		休業（入院加療）
妊娠前から持っている病気（妊娠により症状の悪化が見られる場合）	軽 症			負担の大きい作業、ストレス・緊張を多く感じる作業の制限又は勤務時間の短縮
	重 症			休業（自宅療養又は入院加療）

症 状 等			指導項目	標 準 措 置
妊娠中にかかりやすい病気	静脈瘤	症状が著しい場合		長時間の立作業、同一姿勢を強制される作業の制限又は横になっての休憩
	痔	症状が著しい場合		長時間の立作業、腰に負担のかかる作業、同一姿勢を強制される作業の制限
	腰痛症	軽 症		負担の大きい作業、長時間作業場所を離れることのできない作業、寒い場所での作業の制限
	膀胱炎	重 症		休業（入院加療）
多胎妊娠（　　　　胎）				必要に応じ、負担の大きい作業の制限又は勤務時間の短縮 多胎で特殊な例又は三胎以上の場合、特に慎重な管理が必要
産後の回復不全	軽 症			負担の大きい作業の制限又は勤務時間の短縮
	重 症			休業（自宅療養）

標準措置と異なる措置が必要である等の特記事項があれば記入してください。

3. 上記2の措置が必要な期間
（当面の予定期間に〇を付けてください。）

1週間（　月　日〜　月　日）
2週間（　月　日〜　月　日）
4週間（　月　日〜　月　日）
その他（ ）

4. その他指導事項
（措置が必要な場合は〇を付けてください。）

妊娠中の通勤緩和の措置	
妊娠中の休憩に関する措置	

[記入上の注意]
(1) 「4. その他の指導事項」の「妊娠中の通勤緩和の措置」欄には、交通機関の混雑状況及び妊娠経過の状況にかんがみ、措置が必要な場合、〇印をご記入下さい。
(2) 「4. その他の指導事項」の「妊娠中の休憩に関する措置」欄には、作業の状況及び妊娠経過の状況にかんがみ、休憩に関する措置が必要な場合、〇印をご記入ください。

指導事項を守るための措置申請書

上記のとおり、医師等の指導事項に基づく措置を申請します。

平成　　年　　月　　日

　　　　　　　　　　　所 属 _____

　　　　　　　　　　　氏 名 _____ 印

事 業 主 殿

この様式の「母性健康管理指導事項連絡カード」の欄には医師等が、また、「指導事項を守るための措置申請書」の欄には女性労働者が記入してください。

このような対応をしてもらうためには、どんな症状なのか、どういう措置が必要なのかを的確に会社に伝える方法として、右図の連絡カードを病院で書いてもらうと便利です。

※「母性健康管理指導事項連絡カード」は厚生労働省のHPからダウンロードできます。

49

CHAPTER 02

■ 働きながら不妊治療をするとき

　不妊検査・治療をした経験のある夫婦は5.5組に1組と言われています[1]が、残念ながら今のところ法律で不妊治療を目的とした制度はありません。

　しかし厚生労働省が企業を対象に行った調査[2]では、21％の会社が「制度化されていないが個別対応」していると回答しています。

　通院時や体調が悪い時に使える制度（不妊治療休暇、時間単位での年次有給休暇、フレックスタイム制度、始業終業時間のスライド制度など）が会社になくても、個別に対応してくれることが考えられますので、人事担当者に相談してみましょう。不妊治療は精神的な負担も大きいため、夫婦でお互いにサポートし合いましょう。

[1]　国立社会保障・人口問題研究所「2015年社会保障・人口問題基本調査」
[2]　平成29年度「不妊治療と仕事の両立に係る諸問題についての総合的調査」

■ 健診の日について

　男女雇用機会均等法では、会社に対し、妊産婦が保健指導や健康診査を受診するために必要な時間を確保することができる様にしなくてはならない旨を定めています。**働きながらでも妊娠〜23週目までは4週間に1回、24〜35週は2週間に1回、36週目以降は1週間に1回、産後1年以内は医師の指示に従って必要な時間、健診・通院することができます。**ただし遅刻・早退対応などをする場合、健診や通院のために働いていない時間を有給にすることまでは定められていませんので会社によって対応は様々となっており、実際は年次有給休暇を利用して受診する人が多いようです。

■ 出産前後の休業制度

　出産予定日の 6 週間（双子など多胎妊娠の場合は 14 週間）前から出産後 8 週間までは、産前・産後休業を取ることができます。

　このうち出産日〜産後 6 週間は強制的な休業となりますが、産前の休業は労働者が請求した場合 6 週間前から取ることができるという意味ですので、5 週間前からでもそれより短くても問題ありません。また、産後 6 週間を経過したら、医師が支障ないと認めた業務であれば 8 週間経たなくても労働者が請求すれば職場復帰することも可能です。

　なお、産後休業の「出産」とは、妊娠 4 ヵ月以上の分娩をいい、「生産」だけでなく、「死産」や「流産」も含まれています。また、出産日は産前休業に含まれます。

するパパの体験談

連絡カードの活用が妊娠初期の妻を守ってくれた

　妻が妊娠初期のころ、貧血になりました。営業職の妻は移動が多く、とても辛そうでしたが、「お客様や職場に迷惑がかかる」と、誰にも言わずに残業をこなして頑張っていました。見かねた私が人事をしている知人に相談したところ、母性健康管理指導事項連絡カードを教えてくれ、早速妻に紹介。すぐに連絡カードを医師に記入してもらいました。そのお陰で体調が安定するまでの間は、内勤の仕事に変更でき、また、通勤ラッシュを避け、座って出社できるように、始業時間を遅らせてもらうこともできました。当初、妻は職場に対して申し訳ないと思っていたようですが、医師が妻の体を守るために必要な措置を受けるために連絡カードがあるのだと説明してくれたおかげで、後ろめたく感じることもなく、素直に会社に措置をお願いすることができました。

CHAPTER 02

我が家の両立戦略を考えよう

04 育児休業制度

- 父親が育児休業を取得した場合の特例措置あり！
- 保育園に入れなかった場合、最長 2 歳まで延長可能！

■ 育児休業とは

　育児休業とは子を養育する労働者が申し出た場合、原則として 1 回、1 歳の誕生日の前日まで休業することができる制度です。**母親が育児休業中でも、また専業主婦でも、父親は育児休業を取得することが可能です**。近年、父親の育児休業取得率は少しずつ上昇していますが、それでも育児休業取得率は母親が 83.2％、父親が 5.14％となっており[1]、父親で取得する人は依然、少数派となっていることがわかります。

　父親の育児休業の取得を後押しするために、育児・介護休業法では、次の特例を設けています。

[1] 厚生労働省「平成 29 年度雇用均等基本調査」

【パパママ育休プラス】

　父親も母親も育児休業を取得した場合は、子が 1 歳 2 ヵ月になるまで休業することができるというものです。なお、この場合父親も母親も 1 人ずつが取得できるのは最大 1 年（母親の場合は産後休業を含む）となります。

【パパ休暇】

父親が子の出生日又は出産予定日のいずれか遅い方から8週間以内に育児休業を取得した場合、通常は1回しか取得できない育児休業ですが、もう1回取得できるというものです。

■ 育児休業を取得できる人とは

育児休業を取得することにより、退職しないで働けることを目的として育児休業制度が設けられました。したがって明らかに臨時的な雇用を想定した有期雇用者や退職することが決まっている人は取得することができません。

パートや契約社員などの有期契約労働者の場合は、次の①と②両方の要件を満たしていれば育児休業を取得することができます。

① 同一の事業主に引き続き1年以上雇用されていること
② 子が1歳6ヵ月（2歳までの育児休業の場合は2歳）に達するまでに、労働契約期間が終了し、更新されないことが明らかでないこと

ただし②は、育児休業の申し出があった時点で労働契約の期間満了や更新がないことが確実であるか否かによって判断されます。

正社員の様に無期雇用者の場合は基本的には誰でも取得できますが、会社と労働者代表が交わした書面（労使協定）で勤続1年未満は対象外としている場合がありますので、取得前に会社に確認してください。

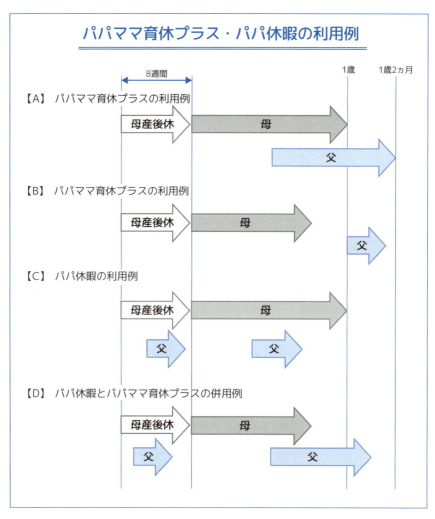

A－Dの例は、以下の①～③を満たしていればパパママ育休プラスになります。CとDも希望すれば1歳2ヵ月までの取得が可能です。
① 母親が、子の1歳に達する日（1歳の誕生日の前日）以前において育児休業をしていること
② 父親の育児休業開始予定日が、子の1歳の誕生日以前であること
③ 父親の育児休業開始予定日が、母親がしている育児休業の初日以降であること

※ 父親が後から育休をとる場合で説明していますが、母親が後から取る場合には、父親と母親を読み替えてください。
※ 詳しく知りたい方は、厚生労働省「育児・介護休業法のあらまし」P 26-29をご覧ください。

■ 育児休業期間の延長

　育児休業期間は原則として子の1歳誕生日の前日までとなりますが、1歳の時点（パパママ育休プラスの場合はその終了日時点）で保育所へ入所希望を出したのに入所できないなどの事情がある場合には、1歳6ヵ月の前日まで延長することができます。保育園の入園は年度始めの4月が入りやすいため、1歳6ヵ月まで延長したけれど、年度途中のために保育園に入れなかった場合には、2歳まで延長することで4月に入園できる可能性が高くなります。しかしこの2歳までの休業は、1歳6ヵ月到達時点で更に休業が必要な場合に限って申出可能となり、1歳時点で可能な育児休業期間は子が1歳6ヵ月になる日の前日までとなります。

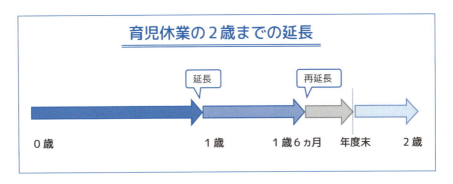

CHAPTER 02

我が家の両立戦略を考えよう

05 家計も考慮しよう

POINT
- パパも家計をきちんと把握しよう
- お金の貯めやすい時期を知ろう

■ 出産前後に必要なお金と手続きはパパが把握しよう

　妊娠したことに喜びつつも、出産費用をいくら準備すればいいのか分からないという声をよく聞きます。**実際には、妊娠から出産までの間には多額のお金が必要ということはありません。妊婦健診は「公費助成」されますので、自己負担分は、初回検査や助成対象外の検査で5万円程度と言われていますが**、どういった検査をされるかで金額は若干変わってきます。

　出産は「出産育児一時金」が42万円支払われます。一般的な病院の大部屋に入院し、普通分娩であれば、42万円前後で済みますし、事前に手続きをすることで、退院時に42万円を超えた分のみを支払えば良くなります。42万円未満の場合は還付されます。また帝王切開などの場合は健康保険が適用されます。高額になった場合は「高額療養費制度」を申請することで、一定の自己負担額以上は健康保険から払い戻されます。

　事前に入院や帝王切開が分かっている場合は、「健康保険限度額適用認定証」を事前に申請することで、病院では差額の支払い、または差額

の還付のみでＯＫです。ママが医療保険に加入している場合には、忘れずに保険の請求をしましょう。

確定申告をすることによって所得控除を受けることもでき、所得税や住民税が一部還付される場合がありますので、忘れない様にしましょう。

事前に必要なものは、赤ちゃんの洋服、オムツ、ベビーカーなどの育児関連グッズで、10 〜 20万円程度は準備しておきましょう。

■ 育児休業給付金

育休期間中は収入が気になりますね。例えば以下の場合、2人合わせて1歳2ヵ月まで67％給付を受けられます。

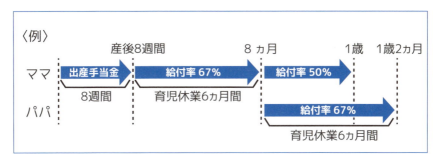

金額	休業開始時賃金日額×支給日数×67％（ただし育休開始から6ヵ月経過後は50％） 産休前の月給が25万円の場合約16.7万円（1ヵ月あたり）。社会保険料（健康保険、厚生年金）は免除
手続き	職場を通してハローワークに申請
条件	雇用保険に1年以上加入していて育児休業を取る人

■ その他 妊娠・出産でもらえるお金

（2018年6月時点）

種類	金額	手続き	条件
妊婦検診費の助成	妊娠中の検診費用の一部または全額	市町村窓口へ妊娠届出書の提出	妊婦
出産育児一時金	出産一人につき42万円	加入している健康保険に申請	健康保険の被保険者及びその被扶養者であること
出産手当金	産休前の月給が25万円の場合で約54万円（98日分）	加入している健康保険に申請	勤務先の健康保険加入者本人で産休を取る人
児童手当	3歳未満：月額15,000円 3歳以上小学校修了前：月額10,000円（第三子以降は15,000円） 中学生：月額10,000円	市町村窓口に申請	中学3年生までの子どもを持つ人（所得制限あり）
乳幼児医療費助成	かかった医療費の一部または全部	市町村窓口に申請	健康保険に加入している子ども（年齢や金額は自治体で異なる）

■ 教育費と貯め時を知っておこう

お金の貯めやすい時期は、結婚して子どもが生まれてから中学生ぐらいまでの間です。この時期に教育費とセカンドライフの資金の目処をつけなければ苦しくなりがちです。教育費については「児童手当」を全て貯めておくことがおすすめです。一人当たり最大210万円になります。これで受験費用や大学初年度の教育費が支払える目処が立ちます。残りの3年分の教育費は毎月1万8,000円貯めることで準備ができます。

2章 我が家の両立戦略を考えよう

　今すぐに貯蓄を増やすことが難しい場合は、できることからはじめましょう。教育費やセカンドライフの準備にはママの働き方が家計を大きく左右します。人生100年時代と言われている中では、「育児休暇や時短制度を活用しながら働き続ける」ことで、セカンドライフに準備しておく資金も少なくて済み、家計としても余裕を持つことができます。現在希望している働き方で子どもが増えても大丈夫なのか、貯蓄だけでは厳しい場合もあります。そういう時はファイナンシャル・プランナーなどの専門家に家計の見直しや投資についても相談してみましょう。

大学でかかるお金

(単位：万円)

区分		入学料	年間授業料	施設設備費	合計
国立大学		28	54	0	82
私立大学	文系学部	23	76	16	115
	理系学部	26	107	19	152
	医歯系学部	101	290	88	479

※ 国立大学でも施設費、実習費、諸会費などを徴収される場合があります。
「文部科学省　国公私立大学の授業料等の推移」
「文部科学省平成28年度私立大学入学者に係る初年度学生納付金平均額等調査結果について」を元に編集部で作成

幼稚園から高校まででかかるお金

(単位：万円)

区分	公立	私立
幼稚園	23	48
小学校	32	153
中学校	48	133
高校	45	104

文部科学省平成28年度「子供の学習費調査より」を元に編集部で作成

CHAPTER 02

我が家の両立戦略を考えよう

06 夫婦で育休を取得するメリット

- 夫婦での育休取得は協業体制構築の土台
- パパの育休取得は本当の意味での共感に繋がる

■ 気をつけないと夫婦分業体制に

　男性と女性では育休取得率[*1]にも育休取得期間[*2]にもまだまだ大きな差がある今の日本。**気持ちの上では「夫婦二人で」と思っていても、産休と長期の育休を取得しているママの方が子どもと過ごす時間がパパに比べて圧倒的に長いため、出産後のスタートダッシュで夫婦間の子育ての経験値がどんどん開いてしまいます。現状の日本では、「夫婦二人で」と思っていても夫婦分業の構図が自然とできあがってしまうのです。**

[*1] 厚生労働省　平成29年度雇用均等基本調査
[*2] 厚生労働省　平成27年度雇用均等基本調査

■ 育休取得のメリットとは？

　パパが育休を取得した夫婦へのインタビュー調査[*3]によると、夫の育休取得の大きなメリットは夫婦の信頼関係の強化にあるようです。「本当の意味でパートナーになれた」「チームみたい」というママの声や、「子

育てに共感できるというのが最大のメリット」というパパの声から、肉体的にも精神的にも大変な産後を一緒に乗り超えたことが、夫婦の絆を強めていることが伺えます。また、「子どもがすごい大事だなって思う気持ちが一層強まった」というパパ、「自身が育休をとってそこに関わったという父親としての自信に繋がっている」というママの声から、親子の絆の強化にも繋がっているようです。ママが就労していなくても、パパは育休を取得できます。パパの育休取得は産後のママの心身の回復への大きなサポートとなります。

ママが就労している場合、パパの育休取得は育休後のママの仕事へのモチベーションにもプラスになっていることが明らかとなっています。また、パパ自身も「段取りの重要性に気付いた」、「定時退社をするために生産性を上げて仕事をするようになった」など、働き方に対する意識の変化を感じています。このように、パパの育休取得は夫婦両方にメリットがあると言えるでしょう。

*3　石井クンツ昌子,林葉子,高山純子,尾曲美香,林田香織（2016）『男性の育児参加を促進する要因−育児休業取得者へのヒアリングから見えてくること』 一般財団法人 第一生命財団

CHAPTER 02

我が家の両立戦略を考えよう

07 育休取得戦略を考えよう

- 事情と希望の優先順位を軸に取得戦略を考える
- 「とりあえず取る」ではなく、綿密に検討を

■ いつから？どのくらい？考慮すべきポイントは？

　次ページに示すように、夫婦で育休を取得する場合、夫婦それぞれの取得のタイミングによっていくつかのタイプがあります。では、どのタイプが良いか何を基準に決定したら良いのでしょうか。

　まず、タイプに関わらず、**取得タイミングの基準となるのは出産予定日**です。これにより、ママの産休のタイミングが分かります。その後、夫婦それぞれの就労状況や職場の状況、実家からの支援の有無、里帰り出産かマイタウン出産か（44ページ参照）、上の子どもへのサポートの有無等、様々な事情を考慮しながら夫婦それぞれの育休取得と復帰のタイミングと取得期間を決めます。もちろん、諸事情にかかわらず「産後は夫婦二人で！子育てしたい！」という強い思いから夫婦で育休を取得する場合もあるでしょう。また、夫婦のキャリアプランを考慮して取得を検討することも大切です。

　「ママの方が取得しやすいからとりあえずママだけ取得する」のではなく、家庭の状況やお互いの希望を考慮しながらしっかり話し合い、自分達に合った育休戦略を考えましょう。また、夫婦だけでなく、実家や職

場等、周囲とのコミュニケーションも大切にすることがスムーズな育休取得の鍵となります（詳細については勤務先、または、最寄りの労働局に確認しましょう）。

育児休業取得タイプ

バトンタッチ型
妻の復帰と入れ替わりで取得。

引き継ぎ型
妻の復帰に合わせて
一定の引き継ぎ期間をかぶせて取得。

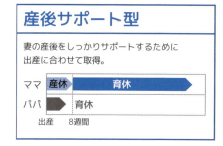

産後サポート型
妻の産後をしっかりサポートするために
出産に合わせて取得。

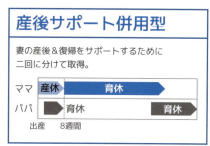

産後サポート併用型
妻の産後＆復帰をサポートするために
二回に分けて取得。

期間内取得型
ママと一緒に育児をサポート。
仕事のタイミングに合わせて取得。

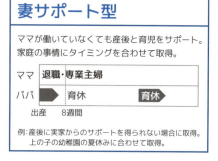

妻サポート型
ママが働いていなくても産後と育児をサポート。
家庭の事情にタイミングを合わせて取得。

例：産後に実家からのサポートを得られない場合に取得。
　　上の子の幼稚園の夏休みに合わせて取得。

育児休業取得タイプ

バトンタッチ型

【特徴】
- □ パパとママが入れ替わりで育休を取得
- □ ママの仕事の事情を優先する傾向

　ママの復帰と入れ替わりでパパが育休を開始するタイプです。ママが産休後に育休を経て復帰する場合とママは産休明けに育休を取得せず復帰する場合があります。いずれの場合も**ママの復帰のタイミングでパパが育休に入るため、パパとママが同時に育休を取得することはありません**。
　ママが非正規雇用等で育休取得要件が満たされない、ママ自身が早めの復帰を望んでいる等、ママの仕事の事情が優先される傾向にあります。また、「夫婦で半分ずつ育休を取得したい！」という希望から入れ替わりで半分ずつ育休を取得する場合もあります。まず、出産予定日を参考に「ママの職場復帰のタイミングと取得期間」を決定し、その後、パパの仕事の状況や実家からのサポートの有無、保育園入園のタイミングを検討し、パパの復帰のタイミングと取得期間を決定する場合が多いようです。

期間限定の子育てを思う存分楽しみたい！

村松 稔さん

家族構成：パパ（公務員）、ママ（会社員）、長男（2009生）、次男（2013生）

第一子：妻が育休を約4ヵ月取得。その後、夫がバトンタッチ型で約6ヵ月取得。

ママ	産休 育休 4ヵ月	
パパ		パパ育休 6ヵ月

第一子の時は、「とにかく取ってみたかった」というのが唯一の理由。妻と半分ずつということで、バトンタッチで期間も6ヵ月ずつにしました。希望の保育園に入れなかったので、私の育休明けに妻の職場の事業内保育所に入園しました。

■ メリット＆デメリット

妻の復帰時に全面的に家事・育児を引き継ぎましたが、子どもが小さかったので、男親らしい遊びができず、早く大きくならないかなぁと考えていました。後半は少しずつ成長する子どもが可愛く、離乳食づくりや家事に没頭しました。取得期間については、きっちり半分というところにとらわれず、保育園に入りやすい年度で区切れば良かったと思います。

■ 第二子：産後サポート型で約2ヵ月取得。妻は産休から一年間の育休を取得。

二人目は妻が「一年間休んで子育てしたい」ということだったので、体力的に一番大変な産後に取得しました。緊急事態に再度取得できるように産後8週で復帰しましたが、その後再取得はしませんでした。今思えば、もう少し長く取れば良かったと思います。

■ これから育休を取得するパパ達へメッセージ

子育ては期間限定です。もちろん育休を取得するかしないかはあなた次第ですが、「折角だから取った方が後悔しないよ」と私が保証します。

育児休業取得タイプ

引き継ぎ型

【特徴】
☐ ママからの引き継ぎ期間を経て、パパが育休へ
☐ ママの仕事の希望を考慮しつつゆとりを持って交替

　産休、または育休からママが職場に復帰する前にパパが育休をスタートし、一定の引き継ぎ期間を設けます。引き継ぎ期間の長さはそれぞれの家庭の状況に応じて様々です。この期間を「夫婦で子育てを一緒に楽しむ期間」とする場合もありますが、**多くの夫婦はママの復帰前に家事・育児のやり方や流れをママからパパに伝授する期間としている**ようです。バトンタッチ型と違い、「いきなり全てパパ一人で」ではないので、パパもママも安心して交替できます。
　パパの育休取得のタイミングは、バトンタッチ型と同様、ママの仕事の事情が考慮されますが、バトンタッチ型のように「やむを得ない事情」ではなく、**夫婦お互いの仕事の事情を考慮しながらベストなタイミングで取得する場合が多い**ようです。子どもの生まれ月や保育園の入園のタイミングによって必要に応じて、パパママ育休プラスを利用する場合もあるようです。

妻が早めの職場復帰を実現！

安田 修吾さん

家族構成：パパ（会社員）、ママ（会社員）、長女（2011生）、次女（2015生）

第一子：妻が約8ヵ月取得。その後、夫が引き継ぎ型で約4ヵ月取得。

ママ	産休	育休 8ヵ月		
パパ			パパ育休 4ヵ月	

妻が職場で初めての育休取得だったので、早めの復帰を望んでいました。子どもが3月生まれだったので4月の保育園入園と1ヵ月の引き継ぎ期間を考慮して、パパママ育休プラスを利用しました。

■ メリット＆デメリット

妻のキャリアのことを考え早めの復帰をサポートでき、良かったです。最初は子どもと一日過ごせるか不安でしたが、引き継ぎ期間があったので助かりました。一方、引き継ぎ期間は家事のやり方の違いから夫婦で衝突する場面もあり、長すぎた感じもしました。

■ 第二子：産後サポート併用引き継ぎ型で約2ヵ月取得。妻は産休から約1年育休を取得。

二人目は産後のサポートのために産後に一度育休を取得し、子どもの誕生日が2月だったので4月の保育園入園を視野に入れパパママ育休プラスを利用して再度育休を取得しました。一人目の反省から、短めに2週間の引き継ぎ期間を設けました。

■ これから育休を取得するパパ達へメッセージ

子どもは誕生から1歳で大きく成長します。その成長にパパが主体的に関わることで、親子の絆はもちろん夫婦の絆も深まります！

育児休業取得タイプ

産後サポート型
＆
産後サポート併用型

【特徴】
☐ 産後の一番辛い時期をがっつりサポート
☐ 他のタイプと併用することでさらにサポート可能

　体力的にも精神的にも大変なママの産後をしっかりサポートするべく、産後8週間以内にパパが育休を取得します。マイタウン出産の場合、産後に実家や他からのサポートが得られない場合等、パパからのサポートが必須の場合に取得する人が多いようです。「大変な産後を夫婦二人で乗り切りたい」「職場の都合上、産後の方が育休を取りやすい」という場合もあるでしょう。

　また、ママの産後8週間以内に育休を取得し、一度職場に復帰した後、子どもが一歳になる前に再度育休を取得するのが、産後サポート併用型です。二回目は、ママの職場復帰のタイミングや、上の子の長期休暇のタイミング、保育園準備のタイミング等様々で、家庭の事情によって育休タイプを選択します。最初から併用型を計画している場合もありますが、復帰後に結局二回目は取得しない場合もあります。

復帰後のママの授乳もサポート！

橘　信吾さん

家族構成：パパ（会社員）、ママ（会社員）、長男（2011生）、次男（2014生）

第一子：有給休暇を1ヵ月取得後、継続して約11ヵ月育休を取得。
みっちり育児をしたいと思い1年間の育休取得を決意。共働きに備え、家事・育児のスキルを身につけました。妻の復職もサポートしました。

第二子：妻の5ヵ月の育休後、産後サポート併用引き継ぎ型で合計7ヵ月取得。

ママ	産休	育休 5ヵ月			
パパ	2ヵ月	パパ育休		パパ育休 5ヵ月	

一人目は大学生の時からとりたいと思っていて、10年にわたり準備し、人生の一大プロジェクトとなりました。二人目は産後のサポートのために産後に一度約2ヵ月間の育休を取得し、引き継ぎ型で再度5ヵ月取得。一人目の時に妻と家事育児を巡って喧嘩になったので、妻の復帰のタイミングで取得することに。妻の復帰後、授乳のために妻の職場に子どもと行き、授乳もサポートしました。

■ メリット＆デメリット
妻の復職や復帰後の両立をサポートでき、良かったと思います。平日昼間に近所を歩いていると違和感を感じる「平日昼間問題」に陥ったこともありましたが、パパ友ができたおかげで、育休を満喫することができました。

■ これから育休を取得するパパ達へメッセージ
リスクとチャンスを見極め、大海原に飛び込んでほしい。今までとは、全く違う世界が見えるはず。必要なのは、不退転の決意と少しの貯金です。

育児休業取得タイプ

期間内取得型

【特徴】
□ ママの育休期間内にパパが育休を取得
□ パパがママより先に職場に復帰する

　ママがパパより長期間育休を取得し、その期間内にパパも一定期間育休を取得するのが期間内取得型です。パパの育休取得期間は、数日から一年と多様ですが、**バトンタッチ型や引き継ぎ型と違い、ママの復帰前にパパが復帰します。**パパの取得のタイミングは、「夫の仕事の事情」を考慮して決定され、繁忙期を避けるなど柔軟に対応できます。一方、バトンタッチ型や引き継ぎ型のように「妻の仕事の事情」はあまり考慮されません。しかし、出産後に他からのサポートが得られない場合や産後に夫婦で子育てをしたい場合は産後に近いタイミング、また、夫婦で保育園を選びたい場合は、保育園選びのタイミングにパパが育休を取得するなど、希望に応じて可能な範囲で調整します。何れにせよ、**ママの育休の期間内で可能なタイミングでパパが育休を取得する**ので、子どもが保育園に入れなかった場合は、ママが対応することになります。

70

夫婦で一緒に育児を満喫！

佐藤 雄佑さん

家族構成：パパ（会社経営）、ママ（会社員）、長女（2012生）

第一子：妻の一年間の産休＆育休期間内に、子どもが6ヵ月の時から6ヵ月間育休を取得。

ママ	産休	育休 10ヵ月	
パパ			パパ育休 6ヵ月

取得当時は会社員でした。勤務先で前例がなかったですが、人事の仕事をしていたので男性も育休を取得できることは知っていました。「人生後悔するとしたらこれしかない」と強く感じたため取得しました。子どもが10月生まれで、半年後の4月から半年間育休を取得しました。仕事を引き継げるタイミングが4月しかないと思っていたので、そこに向けて前々から準備しました。

■ メリット＆デメリット

　育休前は仕事の引き継ぎがあったので、家族に対する準備は何もできませんでした。育休中は夫婦二人で一人の子を見ているので、余裕もあり、子育てを楽しむことが出来ました。時間があるからといって、いろいろやろうとせず、とにかく子育て、家事といった家族の時間に費やしたのもよかったです。管理職の自分が取得したことは職場にもプラスだったと思います。

■ これから育休を取得するパパ達へメッセージ

　人生は長いけれど、子育ては期間限定。1年くらい休んでも、海外留学行っていたと思えばどうってこともないです。むしろ、海外留学よりも大事なスキル、スタンスが身につくと思います。育休を取って120%良かったと思うので、まずは検討してみるといいと思います。

育児休業取得タイプ

妻サポート型

【特徴】
- ☐ ママが専業主婦の場合にパパが産後をサポート
- ☐ 一人目はもちろん二人目以降出産の時は大助かり

　ママが無職の場合、また、ママの就労状況の関係で育休を取得できない場合に、パパのみが出産から子が1歳になるまでの間に一定期間育休を取得するタイプです。取得のタイミングは、他からのサポートの有無やサポートを得られるタイミング、また、上の子の状況等の家庭の事情と、パパの職場の事情を検討して決定されます。また、産後のサポート以外にも、ママが社会復帰するのをサポートするためにパパが育休を取得する場合もあります。ママが専業主婦でも出産後の大変さは同じです。未就園の兄弟・姉妹がいる場合は、生まれたばかりの子どもと上の子の世話で休む暇が全くありませんし、上の子が夏休みなどの長期休暇の場合は産後のママ一人では対応できません。また、普段は一人で家事・育児を担いがちなママも、パパに任せるいい機会になり、夫婦の協業体制構築の機会になります。

72

授乳以外全てを引き受け
ママの回復をサポート！

難波 大樹さん

家族構成：パパ（会社員）、ママ（専業主婦）、長女（2011生）、次女（2015生）

第一子：生後8ヵ月に2日間ほど取得。

せっかく権利があるのだから「有休休暇」ではなく「育児休業」として取ってみたいと思い取得しました。

第二子：出産直後から1ヵ月間取得。

ママ							
パパ	1ヵ月	パパ育休					

第一子（長女）誕生時に産褥期の妻の大変さを知ったので、第二子を迎えるにあたっては、産後1ヵ月はできるだけ彼女に授乳以外の負担をかけたくないと思い取得しました。ちょうど長女の幼稚園の夏休みと重なり、妻一人ではとても対応できそうになかったこと、長女のときと異なり、実家のサポートが期待できなかったということも大きな理由です。

■ メリット＆デメリット

　次女のときは、授乳以外のすべての家事を自分が担当しました。大変なのは大変でしたが、妻はスムーズに回復できたと思います。幼稚園に通う長女の「ママ友ホームパーティーへの参加」は面白い経験でした。最初は少し緊張しましたが、皆さんに温かく迎えられ、楽しく過ごせました。

■ これから育休を取得するパパ達へメッセージ

子どもとの絆はもちろん、夫婦の絆も深まりましたし、育児家事スキルもアップ。1ヵ月くらいであれば、仕事上のブランクを感じることはほとんどありませんでした。産褥期の育休取得、ぜひ前向きに夫婦で話し合ってみてください！

我が家の両立戦略を考えよう

08 育休取得までの手順と気をつけること

POINT
- 育休取得は早めに相談して職場の理解を得よう
- 育休中でも職場の緊急時には働くことも視野に入れよう

■ 相談・申請のタイミング

　産休後に引き続いて育児休業に入る人が多いので、会社や上司への育休の相談は、妊娠報告と同時または産休前に行うことが考えられるのですが、パパの場合は自分から言わないとママが妊娠したことや、育休を取りたいと考えていることは伝わりません。

　育児・介護休業法上では、育休の申し出は開始日の1ヵ月前までにすればよいということになっていますが、ある程度まとまった期間を休む場合、現実的には1ヵ月前では遅いでしょう。

ママの場合

　ママの場合は、妊娠し産休を取ることを会社に相談した時点で、産休後そのまま育休に入るのか、一旦復帰するのか、育休の終了日はいつを予定しているのかを会社に伝えて産休に入りましょう。無事出産し、体調が落ち着いてきたらなるべく早いうちに育休の利用について会社に連絡し、育休の開始1ヵ月前までに開始日と終了予定日を明記した書面やメールなどで申請してください。

2章　我が家の両立戦略を考えよう

パパの場合

現状ではママの育休ほど周囲の理解が得やすい状況にあるとは言い難いことから、できるだけ早い時期に上司に相談した方が、育休が取りやすくなるはずです。

また、会社や上司はパパよりも高い立場から職場の状況や今後の計画を把握していますので、場合によっては、育休利用日や期間などでパパの希望がそのまま通るとは限りません。この場合は、どういう点がクリアになれば良いのかを尋ねると同時に、引き継ぎや育休中の緊急時の対応についての案を提示するなどして、労使双方で互いに配慮しながらどうやって希望に近づけることができるのかの着地点を探る努力は忘れないようにしましょう。

育休取得を相談する時に伝えるべきこと

- 出産予定日
- 育休開始と終了の希望日
- 育休を利用する（利用したい）理由
- 家族の状況
  …… ママ＆パパの育休取得の有無や有の場合の期間、出生児の兄弟姉妹の状況など
- 育休中の業務について
  …… 引き継ぎ案、緊急時の就労の可否、会社との連絡方法等
- 保育園の入園時期や入園できる可能性
- 保育園に入園できずに育休を延長する場合の対応について現時点で考えていること

■ 育休中の業務が円滑に行われるために

　ある程度まとまった期間を休む育児休業では、その間、パパやママが担当していた業務に想定外のことが起きることも考えられます。特にパパの育休は、育休中に緊急事態が発生したときや、重要な会議のときの不在を懸念して、周囲が育休に難色を示すことも考えられます。

　基本的な考え方として、育休は子の養育のために労働から開放されるということは前提としてあるのですが、法律では育休中に働くことを禁止しているわけではありません。月に80時間までは働いても育休として取り扱い、育児休業給付金も支給されることになっています。しかし毎日4時間働くことや、2日に1回は8時間労働することが予め決まっている場合などは、育児休業ではなく、短時間勤務や短日数勤務となり、育児休業とは言えませんので注意が必要です。

　育休中であっても、個々の職場の状況に応じて、必要なときには働くことも視野に入れて育休に入りたい旨を伝えると、周囲も理解してくれることが多いようです。例えば、在宅勤務で月末の事務作業を数時間行うことができる、重要な会議の日は出席する、定期的に職場に電話を入れるなどを提案してみてはいかがでしょうか。

■ 仕事へのやる気は示していく

　長い育休を取る場合、担当していた業務や職場の体制がどうなっているのか、心配になることがあるかと思います。また、状況が変化していて、復帰した時に追いつけるのかという不安もよぎるかもしれません。会社によっては、育休者に対して歓送迎会や忘年会などに声をかけてくれたり、育休復帰前に面談を行って今後の働き方について労使で話し合う機会を設けているところもありますが、育休中は会社からの連絡はなるべく避けた方が良いと考えている会社も少なくありません。

　したがって復帰してきちんと働きたいと考えているなら、育休者の方から会社に連絡を取ることが必要です。仰々しい質問や報告はしなくても、気軽に子どもを連れて挨拶に行ったり、生活が落ち着いてきたときや保育園の入園申請が近づいたときなど育休中に何回か近況報告ができると、会社も上司も育休者の情報が自然とわかり、コミュニケーションがとりやすくなります。

　また、復帰前には自分から面談を依頼し、復帰に向けて準備してきたことや、今後どういう働き方を希望するのかをきちんと伝えていきましょう。

我が家の両立戦略を考えよう

09 パパが育休を取れなかった場合は

- まだまだ父親の育休はハードルが高い
- 会社の制度を確認しよう

■ イクメンは増えつつも育休のハードルは高い

　男性の育児休業取得率と育休取得率を比較すると、まだまだ男性が育休を取得するのはハードルが高いということが伺えます。

　そこで、パパが育休を取得することができなかった場合にどのように育児や家事に関わってもらうかを考えたいと思います。

　まず企業によって様々な休暇制度があります。パパの職場にはどのような休暇制度があるか調べましょう。特に最近多くの企業にみられるのが、配偶者が出産したときの特別休暇制度です。取得できる日数は企業によって異なりますが、出産時には入院の手続きや役所への届出などが必要になるほか、当然家事もできなくなるわけですから、こうした時にパパが休暇を取ることができれば、助かること間違いなしです。

　またそうした制度がなかったとしても、年次有給休暇の取得はもちろんできます。厚生労働省（平成 29 年度）によると年次有給休暇の取得率は 49.4％となっており、未消化の有給休暇が残っている方も多いことでしょう。なかなか有給休暇が取りづらい職場であっても、出産という人生の一大イベントであれば、祝福とともに気持ちよく有給休暇を取得

させてもらえるのではないでしょうか。

■ 意外と知られていない企業独自の制度

　企業によって制度は様々と書きましたが、他にも積み立て有休という制度がある企業も増えています。これは時効消滅した年次有給休暇を一定の取得理由に限って時効消滅後も利用できるように積み立てできる制度です。この制度を導入している企業の多くはその取得理由に、「育児」を入れていることが多いため、こうした制度があれば出産時に利用することができるでしょう。

　また時間外労働の免除制度も利用することができます。これは法律で定められていることですので、子が3歳になるまでは時間外労働の免除を申請することができます。これは妻が育児休業中であったとしても申請することができます。パパが育児休業や休暇を取ることができなかったとしても定時で帰宅することができれば、育児や家事をする時間を作ることもできるでしょう。

　パパが育児休業を取得することができれば一番ですが、そのときの仕事の内容や職場の環境によっては育休の取得は難しいことも考えられます。そうした場合であっても、利用できる制度があるかもしれませんので、やはりまずはパパの会社の制度についていろいろと調べることが良いでしょう。

我が家の両立戦略を考えよう

10 復帰後に活用できる両立支援制度

POINT
- 制度は企業によって様々
- 企業によって拡充もあり！確認しよう！

■ 育児短時間勤務制度は企業によって様々

まず、法律上では子どもが3歳になるまでは、一定の条件に該当する人は所定労働時間を短くすることができます。

短時間勤務制度の対象となる労働者

① 1日の所定労働時間が6時間以下でないこと
② 日々雇用される者でないこと
③ 短時間勤務制度が適用される期間に現に育児休業をしていないこと
④ 労使協定により適用除外とされた以下の労働者でないこと
ア その事業主に継続して雇用された期間が1年に満たない労働者
イ 1週間の所定労働日数が2日以下の労働者
ウ 業務の性質又は業務の実施体制に照らして、短時間勤務制度を講ずることが困難と認められる業務に従事する労働者

基本的には1日の所定労働時間を6時間とすることができます。

ただし、この内容については企業によっては拡充していることがあります。具体的には、利用できる期間を子どもの年齢が小学校に上がるまで、もしくは小学校〇年生までとしていたり、短くできる時間も1時間単位で設定できたりと、様々です。賃金は短くする時間に応じて減額されるのが通常です。

■ **所定時間外労働の免除**

時間外労働の免除制度は、子どもが3歳になるまでは時間外労働（いわゆる残業）を免除することができる制度です。定時で帰宅することができれば夫婦で協力して育児との両立ができるという方はもちろん、この制度も企業によっては利用できる期間を延ばしていることも多いので、短時間勤務からフルタイム勤務に戻ったときに急な労働時間増を防ぐために一定期間利用するということもできます。

■ **子の看護休暇**

小学校就学前の子どもが一人であれば年間5日間、二人以上であれば10日間を限度として、子どもの病気やケガの際の看護に利用できる休暇制度です。一日または半日単位で利用できます。この制度も企業によっては小学校就学前の子どもではなく、中学校就学前の子どもとするなど様々です。ただし子の看護休暇は無給としているところもありますので、注意が必要です。

■ 法定時間外労働の制限

　小学校就学前の子どもを養育している場合は、法定時間外労働を一ヵ月24時間、一年で150時間までに制限することができます。

　3歳までは上述の所定時間外労働の免除で対応できますので、3歳以降はこの制度を利用して時間外労働を少なくすることができます。

■ 深夜労働の制限

　小学校就学前の子どもを養育している場合は、深夜（22時から5時まで）労働を拒否することができます。ただし、そもそも深夜にのみ働いているようなケースは除きます。

　サービス業などでシフトによる勤務をしており深夜に勤務時間がかかってしまうような場合は、この制度を利用することで22時までのシフトにしてもらうなどの使い方ができます。

　育児に関する制度は、企業によって拡充していることも多いため、しっかりと自身の職場の就業規則等を確認しておくことが重要です。

　また、これらの制度は労働者の権利として確立しているものではありますが、職場の協力があってこそ気持ちよく取得できるものです。良好な職場環境を築いていくためにも同僚などへの気配りも重要です。

2章 我が家の両立戦略を考えよう

	復帰	3歳	小学校入学
育児短時間勤務制度	████████		
所定時間外労働の免除	████████		
子の看護休暇	████████████████████		
法定時間外労働の制限	████████████████████		
深夜労働の制限	████████████████████		

CHAPTER 02

我が家の両立戦略を考えよう

11 ハラスメントへの対応

- 人事上の不利益な取扱いは法律で禁止されている
- 妊娠中や子育て期も信頼される働きをしよう

■ ハラスメントとは

　妊娠・出産したこと、育児や介護のための制度を利用したこと等を理由として、事業主が行う解雇、減給、降格、不利益な配置転換、契約を更新しない（契約社員の場合）といった行為を「不利益な取扱い」といいます（図１参照）。　また、妊娠・出産したこと、育児や介護のための制度を利用したこと等に関して、上司・同僚が就業環境を害する言動を行うことを「ハラスメント」といいます（図２参照）。

　例えば、妊娠中、体調がすぐれないために作業効率が落ちたことから、職場で足を引っ張ったとして上司や同僚から無視をされたり、短時間勤務をしているという理由だけで理不尽に評価を下げたりするようなことがあれば、妊娠や育児をしている人は肩身が狭くなってしまいます。男性が育児休業を取得しようと思っても、そのために出世コースから外されてしまうようなことがあったら、パパの制度利用者は増えていかないでしょう。こうしたことが起きないために、法律（男女雇用均等法、育児・介護休業法）では会社に対し、不利益な取扱いを禁止したり、ハラスメントが起きないように、職場全体に向けて制度の周知を行うことや

2章 我が家の両立戦略を考えよう

相談窓口の設置など、妊娠や育児をしている人が働きやすい職場環境をつくるように努めなければならないことを規定しています。

事業主からの不利益取扱い　　　図1

「産休・育休はとれない」と言われた。

つわりで体調が悪くて休んだら「退職しろ」と言われた。

切迫流産で入院したら「退職届を出して辞めろ」と言われた。

妊娠を伝えたら「次の契約更新はしない」と言われた。

正社員なのに、妊娠したら「パートになれ」と言われた。

例えば以下を理由として
- 妊娠した、出産した
- 妊婦健診のため、仕事を休んだ
- つわりや切迫流産で仕事を休んだ
- 産前・産後休業をとった
- 育児休業・介護休業をとった

など

以下のような取扱いを受けたら法違反です。
- 解雇された
- 契約が更新されなかった
- パートになれと強要された
- 減給された
- 普通ありえないような配置転換をされた

など

上司・同僚からのハラスメント　　　図2

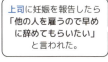

上司に妊娠を報告したら「他の人を雇うので早めに辞めてもらいたい」と言われた。

妊婦健診のために休暇を取得したいと上司に相談したら「病院は休みの日に行くものだ」と休暇を許可してもらえなかった。

育児短時間勤務をしていたら同僚や周囲から「あなたが早く帰るせいで、まわりは迷惑している」と繰り返し言われ、精神的に非常に苦痛を感じた。

厚生労働省「職場でつらい思いしていませんか？」を参考に編集部で作成

CHAPTER 02

■ マタニティハラスメントが起こる背景

　マタニティハラスメントが起こる背景には、「育児は女性がするもの」「子どもは母親と一緒にいるのが一番」という性別役割分業の意識や、職場で誰も休めないくらい業務体制がタイトだったり、長時間労働が常態化しているなどの職場環境に問題があることが考えられます。

　しかし一方で、特に妊娠中の体調不良には個人差がありますので、当事者が上司や同僚に「医師から〇〇という指導が出ている」「妊娠中は△△を持ち上げる仕事が難しい」など、できるだけ具体的に自分の体調を伝えて、正しく理解してもらうことも大切です。

　また、産休・育休や短時間勤務をすることで、上司や同僚の仕事に影響を与えるということを認識し、休みに入る前には余裕をもって引継ぎを行うことや、復帰後、短時間勤務を利用したり、早く帰らなければならないことがあっても責任を持って業務を遂行し、周りに感謝の意を表すことを忘れないようにしたいものですね。

職場との情報共有でパタニティハラスメントを減らす

　育休中の教職員の妻は新学期には職場復帰しなければならないので、私が3月最終週から1ヵ月間育児休業を取るということを出産直後から夫婦で決めていました。しかし、職場の男性で育休を取得した人は3年前に1人いましたが、忙しい部署で上司や同僚から嫌味を言われていたのを知っていたので、相談するのを躊躇していました。インターネットで情報を集めてみると、会社で男性の育休者が出た場合、国から会社に対して助成金を出しているということがわかりました。これは会社にとっても良い話だと考え、まずは上司に育休の相談と助成金の説明をすると、「人事にも通しておくよ」とすんなりと承諾が下りました。私の育休取得により、男性の育休取得に対して職場の理解が進み、男性に対するハラスメントもなくなりました。

03

育休中の過ごし方

育休中の過ごし方

01 夫婦の経験値の差を開かせない

- 男性も女性も最初からうまく育児ができるわけではない
- 夫婦で一緒に家族としての思い出を積み重ねよう
- 2つのポイントを押さえて事前に協業体制を作ろう

■ できないことは何もない

「僕には妻みたいに上手にできないし、嫌がられるので赤ちゃんのお世話はやりません」や「家事は苦手なので得意な妻に任せています」などをよく聞きます。これらは男性の幻想です。女性も初めから赤ちゃんのケアが上手いわけではありませんし、家事だってみんなが得意で「私に任せて！」とは思っていません。男性が見ていない間に女性は四苦八苦しながら経験を積み、少しずつできるようになっているのです。この差が開いていくと母親に大きく育児負担がのしかかってしまう状況がうまれてしまいます。最初からうまく行かないのは一緒です。**できるだけ早い段階で同じ第一歩を踏み出せるようにしていきましょう**。できないことは何もありません。

女性が望んでいるのは、家事育児を半分ずつできるようになって欲しいという事ではなく、子育てや家事などを含む**家族としての経験値を共に積み重ねていきたい**という事です。是非夫婦で一緒に家族としての思い出を積み重ねていきましょう。

■ 復帰前提の協業体制を作ろう

　女性が育休中に起こりがちなのが、「育休中だから」ということで家事育児を一手に引き受け、男性は産前と変わらないライフスタイルをとるということです。実際こういった夫婦が育休明けにぶつかる壁として、明らかに偏った女性への大きな負担があります。事前に調整していなかったために、男性も急にライフスタイルを変えることができず、夫婦仲がこの時期急に悪くなることがよく起こります。この状況が起こるのを防ぐためには、育休からの復帰を見据えて、事前に協業体制をとることが重要です。

　この協業体制を考える際に、2つポイントがあります。まず1つ目はお互いの復帰後を想像して仕事の事や家事育児の事などに割かなければいけない時間やタスクを洗い出し共有するということ。2つ目が二人の目指したい家族像を描くということです。

　1つ目のポイントは状況に応じた分担割合を話し合うために必要です。仕事が忙しい時期が違えば楽な時期も違ったりします。お互いが必ず半分半分の家事育児分担割合である必要はありません。重要なのは**お互いが納得できる分担割合かどうかです**。その為にお互いの予想される状況を共有し話し合いましょう。

　2つ目のポイントはお互いが家族に主体的になる為に必要なことです。目指すべき家族像がないままその場で行き当たりばったりで対応しているといずれ疲れてくるときがあります。「**こんな家族になる為に、今お互いにこういうことを頑張ろう**」と思えるように目指したい家族像についても是非話し合ってみてください。これら二つのポイントを踏まえて自分たちなりの協業体制を構築していくことが重要です。

赤ちゃんのお世話について学ぼう

赤ちゃんとの関係づくりの基本は、あそびだけでなくケアの時間を持つことが非常に重要です。自分の要求に対して的確にすべて応えられていなくても、応えようとする応答的な関わりの中で基本的な信頼関係を結ぼうとします。基本的な信頼関係が築ければ、「何かあっても最終的には自分を助けてくれる人」という風に親を認識していきます。ここでは赤ちゃんと信頼関係を結ぶために、基本的なお世話の知識について学びます。

■ 紙おむつのかえ方

1 新しい紙おむつを広げギャザーを立てた状態にし、現在のおむつの下に敷きこむ。

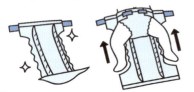

2 現在の紙おむつをあけ、汚れた個所を拭き取る。この際汚れがひどい場合はぬるま湯をかけて拭き取る。

女児の場合は尿路感染を防ぐため、前から後ろに拭きましょう。

3 現在のおむつの中に拭く時に使ったおしりふきなどを入れ、巻き込みながら引き抜く。小さくたたんでごみ箱に捨てる。うんちが出ていた場合はうんちのみトイレに流す。

4 新しい紙おむつの上端がへその位置にあることを確認して、両足を軽く開き外側のギャザーを出す。

内側に折れ込んだままだと漏れの原因になる。この時指を沿わせるとやりやすい。

5 両脇部のテープを止める。この時しめすぎたりゆるすぎたりしないように注意する。

指二本が入る程度でテープを留める。

6 手を洗って終了する。

■ ミルクのあげ方

　落ち着いてミルクが飲めるよう先におむつをかえておくのがおすすめ。また、ミルクを飲むとき鼻呼吸になるので、鼻が詰まっている時は鼻吸いをしてからミルクをあげましょう。

1. 手指をきれいに洗う。

2. ミルクの温度を前腕の内側で確かめる。
（乳首からミルクがきちんと出るかも確認）

3. 安定した場所で子どもを横抱きにする。肘の関節部分と前腕で頭を支え安定させる。頭を支えている手の掌でおしりを支える。

4. 顎の下にタオルをはさみ、こぼれても服が汚れないようにする。

5. 乳首をくわえさせる。（この時乳首全体が口に入るくらい深くくわえさせる）

6. 哺乳瓶を傾け乳首全体をミルクで満たし、授乳する。

7. 授乳が終わったら肩に顎が乗るように縦抱きし、ゲップをさせる。（この時下から上にさするとゲップが出やすい）

8. 授乳後、飲み残したミルクは捨て消毒を行う。

■ 生活リズム

　新生児期の間はほとんど寝て起きてを短い間隔で繰り返します。新生児期を過ぎると徐々に昼間に起きている時間や夜寝ている時間がまとまりはじめ、昼夜の区別をつけた生活リズムをつけやすくなります。

　最近の研究では、1日24時間だというサイクルを体が覚えるのは、赤ちゃんの頃だと言われています。この赤ちゃんの時期に体の中の時計を上手く24時間のサイクルに調整していきます。したがって、早い段階から意識して生活リズムを作っていってあげることが非常に大切になります。この頃に身についた生活リズムは大人になっても継続するといわれていますので、以下の目安を参考に少しずつ生活リズムをつけていきましょう。

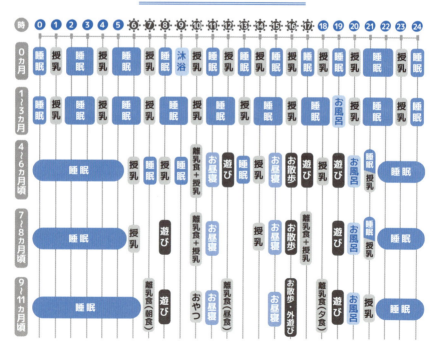

月齢別の生活リズム例

■ 寝かしつけ

　寝かしつけに困っているパパママはとても多いです。寝たなと思って布団に置いたとたんに泣き始めたり、寝たとしても急にぐずり泣きをし始めたりと、なかなか寝てくれず、親も眠れない状況が続くことがよく起こります。3つの方法で試してみましょう。

① 寝るための環境を整える

　まずは、心地よく睡眠ができる環境を整えてあげる必要があります。照明をできれば入眠時から落とすようにしましょう。そうすることで入眠を誘うホルモンであるメラトニンが出やすくなります。逆にスマホの動画などを見せながら寝かしつけると、光刺激で眠れなくなります。オルゴールなどの優しい音楽と優しい揺れで睡眠を誘いましょう。

② 睡眠の儀式を作る

　これをすることでもう寝る時間なんだという事を赤ちゃんの身体に条件づけていくという方法です。ベビーマッサージ(特に足)や音楽を聴く以外にも、絵本や徐々にスピードを落としていくトントン、身体の一部を触るなどがあります。特に眉間や額の部分、耳などを優しく触ってあげると眠る子が多いようです。

③ 子どもの睡眠パターンを知る

　子どもが一番入眠しやすい時期や眠たいタイミングのパターンを知り、そこに合わせていくという方法。眠くなりやすい時間帯や環境を把握し、そこに合わせていきます。またよく寝た日と寝なかった日を繰り返し比較することで、どのような時によく寝るのかのパターンを見出すことができます。

■ 離乳食

　離乳食はおよそ５ヵ月頃になるとスタートできます。離乳食を開始する目安としては以下の４つのポイントが達成できているかどうかを参考にしましょう。

- 首のすわりがしっかりしているか
- 椅子などで支えることで座位が維持できるか
- 食べ物に興味を示しているか
- スプーンなどを口の中に入れても押し出してこないかどうか（哺乳反射の減弱）

　離乳食はまず重湯から始めます。そして次第に「飲み込む」→「舌と上あごでつぶす」→「歯ぐきでつぶす」→「歯ぐきでかみつぶす」と発展させていきます。進め方は個人差があるので本人の様子を見ながら少しずつステップアップしていきましょう。

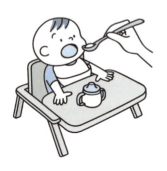

　離乳食が３回しっかり食べられるようになり、完了食になったら少しずつ離乳できるようにしていきましょう。

月齢の目安	５〜６ヵ月	７〜８ヵ月	９〜11ヵ月	12〜18ヵ月
食事の形状	どろどろ状	舌と上あごでつぶす	歯ぐきでつぶす	歯ぐきで噛みつぶす
形状の例	ヨーグルトくらい	豆腐くらいの柔らかさ	バナナくらいの柔らかさ	肉団子ぐらいの柔らかさ

■ コミュニケーション

「0歳児からどのようにコミュニケーションをとっていいかわからない」という声をよく聞きます。「まだ話せないからあまり話しかけなくていいかな」というのは間違いです。赤ちゃんでも聴覚はしっかり発達しており、脳の中の言葉を記憶する部分を働かせながら大人の言葉やイントネーション、表情などをよく見ています。実際<u>この時期にどれだけ話しかけてあげたかによって、2歳児以降の語彙力に差が出るとも言われています</u>。

　また、この時期赤ちゃんの五感を刺激してあげることが非常に重要です。五感をたくさん刺激してあげることにより好奇心を育てることができます。

　したがってこの時期に話しかけてあげる言葉は五感や気持ちを表す言葉である形容詞（「〜い」や「〜しい」で終わる言葉　例：楽しい、きれいなど）をたくさん使うと良いと言われています。形容詞をたくさん使ってあげることで五感を楽しみながら言葉と結び付けることができます。

　もちろんこのような対応を意識しすぎる必要はありません。笑顔で楽しくたくさんのコミュニケーションがとれるように心がけましょう。そうすればきっと赤ちゃんは「大切な人とコミュニケーションをとることは楽しいんだな」という事を学んでくれるはずです。

CHAPTER 03

育休中の過ごし方

02 夫婦で家事シェアのコツ

- 家事シェアって何のためにするの？
- 家事シェアコミュニケーションのコツ
- まずはパラレル家事からはじめよう！

■ 家事は"分担"じゃなく"シェア"する意識を持とう

　共働き家庭において「家事をどうやって分担し合うか」は長い生活を心地よく過ごす上で夫婦の関係性にも関わる大切なことです。一昔前と違い、今では男女関係なく家事を助け合う時代。**家事は"分担"するのではなく"シェア（共有）"する**んだという気持ちを夫婦お互いが持ってみることも大切です。

　では"分担"と"シェア"。いったい何が違うのでしょうか。家事分担とは、家事は基本的にはママ（パパ）の仕事。ママがパパにお手伝いをお願いする。という構図です。

　家事シェアとは、**家事は家族みんなの仕事。ルールや役割、子どもの成長と共に発生する新しい役割（送り迎え、ＰＴＡなど）も話し合いで担い手を決めていく**。という構図になります。

　これは意識の問題ですが、何よりも大切なのは**パパ自身も家事におけるオーナーシップ（責任感）**を持つことなのです。

　パパだけでなく、ママ自身もついつい家事を「基本的にはわたしの仕事」と無意識に請け負ってしまいがちです。忙しいパパへの気遣いだったり、なんとなく女性がしっかりしなきゃ、と思ってしまったり。でも、

家事分担から家事シェアへ！

　そんな優しさにパパはついつい甘えてしまう。「家事をやってくれて助かる！ありがたい！」という気持ちが、いつの間にか「ママは家事のコダワリが強いから、きっと自分でやりたいんだ（だから手を出すまい）」と脳内変換されてしまっている可能性もあるのです。

　男性も家事育児に主体性を持つのが当たり前の現在。家事シェアはただママのお手伝いをするという事ではなく、**夫婦の関係性やパートナーシップを築いていくための手段**でもあるのです。

■ 家事シェアコミュニケーションのコツ

　意識の次に大事なのは、夫婦での具体的なコミュニケーションです。一昔前は「夫を家事する男に育てよう」「夫をいかに教育するかも妻の役割」というような話もよく聞かれました。いまだに「夫に家事を教えるのが大変なんです」と嘆いているママも多くいます。

　夫婦間で家事スキルにギャップがあるケースも多いのでついつい「夫を教育する」という視点になってしまいがち。でも、この教育しようとする気持ちはパパにも当然伝わってしまいます。その**上下関係がパパの主体性や責任感を「自分には不要なもの」**と思わせているのです。

CHAPTER 03

　家事のプロでもない私達に必要なのは特別なワザではなく、家族共通のルールです。「なんでお皿洗った後ちゃんとシンクもキレイにしておいてくれないの？」じゃなくて「シンクもキレイにする所までがわが家のお皿洗い」とルールを決める。この時もどちらかが一方的にルールを決めるのではなく、「こういうルールにしようよ」と共に決める姿勢が大切です。その際にお互いが妥協し合わなくてはいけない事もあると思います。この<u>ルールはきっちりとしたやり方というよりは最低限のボーダーラインを決める</u>、という感覚で話し合うようにしましょう。

　自分も主体となって納得して決めたルールは忘れないし、責任を感じやすいものです。「<u>夫を教育する（妻に教育してもらう）</u>」のではなく「<u>夫婦（家族）で家事のルールを決める</u>」。その感覚でぜひ話しをしてみましょう。

■ 家事にはやるべきタイミングがある

「あなたのご家庭ではママが家事をしている間、パパは何をしているでしょうか？」この質問の解答で圧倒的に多いのはＴＶ・スマホ・新聞を見ているなどです。

　ママも夜遅く帰ってきたパパに家族分のご飯を作ってよ、とは思っていません。朝早く出ていくパパに掃除してから出てよ、とも思いません。でも休日や早く帰宅できた日など、<u>一緒にいるのにママが家事をしている間、暇そうにされているのは腹が立つ</u>のです。

■ パラレル家事を実践してみよう

「時間がないから家事できない」と見て見ぬふりをするのは、夫婦の信頼関係から見てももったいない。まずは一緒にいる時間。特にママが家事をしている時は夫婦の信頼関係を高めるチャンスです。

　そこで忙しいパパにお勧めなのがパラレル家事。パラレル家事のルールは簡単。【○○していない方が○○する】を決めるだけです。

　例えば、
・料理をしていない方が食卓の準備をする。
・部屋の掃除をしていない方がトイレの掃除をする。
・朝ごはんを作っていない方が、子どもの着替えやお出かけ準備をする。

などがあります。

このような同時進行的な方法がまずは有効ですが、他にも、
・料理をしていない方が、洗い物をする。
・お風呂掃除（床壁天井磨き）をしていない方が、排水口掃除をする。
・洗濯物を畳んでない方が、収納する。

などがあります。必ずしも同時進行でなくても**共に家事を完結に向けて協力しあっている**と感じられるシェア方法は、負担の軽減だけでなく不公平感や不満の解消にも繋がります。ぜひ家事シェアを通して、夫婦のパートナーシップを心地よいものへ築き合ってみましょう。

CHAPTER 03

育休中の過ごし方

03 予防接種や健診について知ろう

- 予防接種は定期接種だけでなく任意接種も大切
- 乳幼児健診は成長の喜びを確認する場

■ 予防接種は自分の子どもと周りの社会を守るもの

　予防接種の目的は「予防」、つまり何も起こらない状態を保つことが目的です。ですから、予防接種の効果を実感することは難しいです。しかし、予防接種を受けなかったために、重い病気にかかり命を落としたり、重い後遺症に苦しんでいる子ども達がいます。予防接種で防げる病気のことについては、「KNOW VPD！」のサイト (www.know-vpd.jp) に詳しく記載してあります。

　また、予防接種は自分の子どもを守るだけでなく、より多くの人が接種することで危険な病気そのものを排除することができます。最近では、MRワクチンの二回接種によって、国内のはしかの新規発症が激減しました。日本では、予防接種を受けるかどうかの意思を保護者が判断していますが、**海外の多くの国では接種が義務**になっています。そのため、予防接種を受けていないために、海外留学や海外赴任ができないというトラブルも起きています。

■ 予防接種の種類と受けるコツ

　予防接種には定期接種と任意接種があります。定期接種は接種を強く推奨しているもので、費用の多くは公費で賄われます。任意接種は受けても受けなくてもよいという意味ではありません。国の予算の関係で、まだ定期接種にできていない予防接種です。いずれは定期接種に移行することが検討されています。つまり、**定期接種だけではなく任意接種のものも含めて受けることが推奨されます**。

　予防接種は一度に多くのワクチンを同時に接種します。何本も注射を打たれるのはかわいそうな気もしますが、**同時接種の方がより早く免疫が獲得できます**。また、多くの小児科クリニックでは予防接種や乳幼児健診の専用時間を設けて、風邪などの患者さんに接しないような配慮をしています。受けるべき予防接種が多数あるので、ママとパパで協力して、なるべくそのような時間に来院しましょう。

　接種当日は、いつも通り入浴することができます。また、接種部位がコイン大に赤くなることがあります。もし、それ以上に赤くなったり、38.0℃以上の発熱が出たときは、小児科を受診しましょう。
　予防接種を泣かずに上手にできるコツとしては、パパ・ママの抱っこの固定（しっかり抱っこする）にも左右されます。是非、パパ・ママどちらも予防接種の抱っこに挑戦してみましょう。

CHAPTER 03

■ 乳幼児健診は成長の喜びを確認する場

　乳幼児健診は先天的な病気や発達の遅れを発見する場だけではありません。

　前回の健診と比べることによって「こんなに成長したね」という喜びをパパ・ママと実感する貴重な機会でもあります。また、受付や服の脱ぎ着もあるので、乳幼児健診にはできる限り、パパ・ママどちらも同行しましょう。

　乳幼児健診に行く際は、すぐにおむつやパンツ1枚になれる服装で行きましょう。待ち時間もあるので、ちょっとしたおもちゃや本なども持参するのがおすすめです。また、健診は流れ作業で進んでいきます。普段の診察と違ってゆっくり質問はできないかも知れません。聞いておきたい質問や不安な点は、あらかじめメモしておきましょう。心配な様子を写真や動画に撮っておいて見せるのもOKです。**心配ならどんな些細なことでも質問してみましょう**。特に第1子なら、今のうちに色々聞いておけば、二人目の育児が楽になります。些細な質問に丁寧に答えてくれる先生やスタッフがいるクリニックは、かかりつけ医にするといいでしょう。

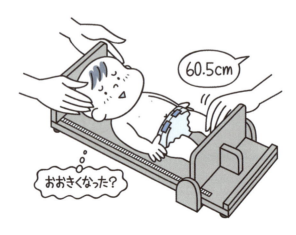

■ 乳幼児健診の実際

おむつ1枚になって、身長・体重・頭囲・胸囲などの計測を行います。それらの値が成長曲線の範囲内にあるかをとても気にされるパパやママもいますが、**実際には「前回と比べてどのくらい伸びているか」を医師はチェック**しています。診察では、視診や触診、聴診しながら、先天的な奇形や皮膚の状態、心臓や肺などの異常がないか診察します。そして、ベッドに寝かせて、股関節の動きやヘルニア（そけい部や臍）の有無を確認したり、それぞれの時期に応じた反射や反応があるかどうかを診察します。

乳幼児健診で一番大切なこと、それは**発達の評価は正常と異常の二つに絞ることができない**ということです。少し発達がゆっくりでもそれらは経過を見ていく中で解決するものも多くあります。成長・発達のスピードは個々によって異なり、一定ではありません。ここが、パパ・ママを悩ませる点です。もし、完全な正常とは言えないという事を医師から言われたら、「今後どのようになれば大丈夫ですか？（または受診した方が良いですか？）」と質問してみましょう。次回の健診まで数カ月間空いてしまうとなると、パパ・ママの心配も大きくなると思います。そこまで注目すべきポイントを聞いておくことが重要です。

ハイハイやつかまり立ちなどを練習させようとするパパやママがいます。発達は自然に獲得するもので、練習してできるものではありません。子どもの頑張る姿を応援しましょう。

CHAPTER 03

育休中の過ごし方

04 産後うつ

- 産後うつは出産後2〜4週間後に起こる心の病
- おかしいな?と感じたら、まずは医療機関の受診を
- 完璧を目指さない子育てが産後うつの予防に

■ 産後うつとマタニティーブルーは別物

　産後は新しい命との出会いで喜びいっぱい？　でも実際は子育て中心の生活に変わり、不安やイライラで悩むママも少なくありません。**マタニティーブルーとは、産後のママの身体が妊娠前の状態に戻ろうとするためにホルモンバランスが変化し、心身ともに不安定な状態になること**です。分娩直後から産後7〜10日以内に一過性に起こります。産後ママの50〜80％が経験すると言われています。

　それに対して、産後うつは産後2〜4週間頃から発症します。気分が落ち込んで急に涙が出てきたり、考えがまとまらずに不安や焦りの気持ちでいっぱいになったり、睡眠障害や拒食や過食の症状などが出てきます。その割合は産後の女性の5〜10％と考えられています。大切なのは**産後うつはマタニティーブルーと違いホルモンバランスによるものではなく、病気である**ということです。もちろん治療可能な病気ですので、きちんと対処すれば大丈夫です。

■ 産後うつかもと感じたら？予防法は？

　産後うつが疑われたら、まずは心療内科や精神科を受診しましょう。ママ本人は子育てに追われている意識があるので、受診することに積極的になれないかも知れません。そのような時は「**ママがこの状態でいることが赤ちゃんにベストではない**」ことをパパが伝えましょう。まずはカウンセリングなどの治療が中心となります。症状が軽ければ、悩みや不安などの話を聴いてもらうだけで改善することもよくあります。一時的に抗うつ薬や抗不安薬などが処方されることもありますが、医師の指示で治療を行えば、産後うつの多くは治すことができます。

　産後うつの予防法、それは完璧を目指さないことです。産後うつになりやすいママは責任感が強い頑張り屋さんが多いと言われています。育児書通りにならなかったり、泣き止まなかったり育児は予想外の連続です。また、家事がおろそかになることもあります。パパが「大丈夫だよ」とフォローすることで、ママの不安を軽くすることができます。睡眠時間の確保も大切です。赤ちゃんが寝ている間に家事をしようと考えるのではなく、**夫婦でシェアしてママの時間を確保**するのが大切です。

CHAPTER 03

育休中の過ごし方

05 パタニティブルー

POINT
- ▶ パパも出産による環境変化で心身の不調が起こる
- ▶ 赤ちゃんと一緒に成長するパパ・ママの姿勢が大切

■ パパにも起こる「パタニティブルー」

　<u>出産による環境変化はママだけでなくパパにも起こります。</u>それに伴う睡眠障害や頭痛、肩こり、胃の痛み、そしてうつ状態になってしまう現象をパタニティブルーと呼んでいます。パタニティブルーの影響でパパが育児放棄したり、家庭生活から逃避したりすることもあるため、ママだけでなくパパのサポートも近年重要視されてきています。

　妊娠出産に伴うパパの環境変化とは、具体的に①父親としての責任（良い父親になれるかという不安）②経済的負担（大黒柱として家族を支えられるかという不安、仲間との宴会に参加できなくなるなどの孤独感）③睡眠不足などの生活変化（夜泣きの対応や、より多くの家事負担）④ママとの関係（ママに構ってもらえない寂しさ）などがあります。そのため、<u>**わけもなく落ち込んだり、食欲減退、涙もろくなる、頭痛や肩こりがひどくなるなど、パパにもマタニティーブルーと同じような症状がでることがあります。**</u>

■ 真面目で頑張るパパは要注意

　責任感が強く、完璧主義で日頃から頑張りすぎてしまうパパはパタニティブルーになりやすいと言われています。また、昇進や転勤などの職場での環境変化や、友人関係などでのトラブルを抱えている場合も陥りやすいようです。

　では、パタニティブルーを防ぐためにママができることは何でしょう。それは、産前からのコミュニケーションです。

① 産後のイメージを二人で共有する
② 少しでも夫婦の時間を作り会話する
③ お互いに感謝の気持ちを伝える
④ 他のパパと比べない
⑤ たまには一人の時間も大切にする
⑥ やって欲しいことはわかりやすく伝える
⑦ 完璧なパパ像を求めない

などが大切と言われています。

　パタニティブルーに陥るパパの多くは、元々子育てにも真剣に取り組んでいる素敵なパパなのです。気持ちでは協力したいと思っていても、現実的に上手くいかなかったり、ママに上手く伝わらないことで、お互いに悩みを抱えてしまうことも少なくありません。子どもが生まれたら、パパもママもスタートラインは同じです。完璧な育児を求めずに二人で不安や嬉しかったことを共有して、赤ちゃんと同じペースで素敵なパパ・ママに成長していきましょう。

CHAPTER 03

育休中の過ごし方

06 支援センター&サークルに行ってみよう！

POINT
- ▶ 支援センターや子育てひろばを探そう
- ▶ 育休バトンタッチ時に夫婦で行こう
- ▶ 子育てサークルもチェックしよう

■ 支援センターや子育てひろばに行ってみよう

　地域にもよりますが、一昔前と違って、子育て中の親子と出会うことが難しくなっている時代です。ご近所に同じくらいの月齢の子を連れている親子がいてあいさつくらいはしても、なかなか会話を交わすような関係になるのが難しいこともあるでしょう。

　特に月齢が小さくて一人歩きできない頃は、公園に行っても日向ぼっこする程度。時間帯によっては、誰もいなかったりして、寂しい時を過ごすこともあります。

　そんなときには、子育てひろばや子育て支援センター（地域により名称が異なる）などがおすすめです。ぜひインターネットで探したり、自治体の広報誌などをチェックしましょう。

　ママとパパが育休をバトンタッチ型（→P64）で取得する場合は、休みを重ねるように取り、ぜひその期間に**夫婦で子育てひろばに足を運びましょう**。パパだけで行くのは、照れくさかったり、入りにくいことも多いもの。1日でもいいので入館の手順などママと一緒に行って、過ごしてみましょう。

108

3章 育休中の過ごし方

　子育てひろばや子育て支援センターは、子育て講座や親子遊び、ベビーマッサージなどの講座を開いている場合もあります。フリーで遊べる時間にいきなり行きにくい場合には、まずは講座に行ってみると、部屋の雰囲気などがわかっておすすめです。行ったついでに担当者に、子育てひろばや支援センターの利用方法などを確認してみましょう。
　子育てひろばや子育て支援センターは子育ての悩みを相談できる場所でもあります。利用時間内ならいつでもスタッフに相談できたり、相談の時間を設定しているところもあります。気軽に相談してみましょう。

■ 子育てサークルに加入してみる

　前述の子育てひろばや支援センターでは、年齢別や双子・多胎児、小さく生まれた子、発達障がいの子など仲間の集いを設定していることもあります。同じような状況の子育て仲間と出会えるチャンスですのでぜひチェックして参加してみましょう。講座形式で行われている場合もありますし、子育てサークルのような方式で実施しているものもあります。
　パワーがあれば、仲間と子育てイベントを開催してみましょう。主催者側になると大変そうですが、呼びたい講師をアレンジして講座を企画することも楽しいものです。

CHAPTER 03

育休中の過ごし方

07 夫婦で保活を乗り越えよう

POINT
- 保育所の情報はできるだけ早く集めよう
- 待機児童になってもあきらめず、保育所以外の施設も探してみよう

■ 子どもの保育について考えよう

　保育所は単に子どもを預かるということだけでなく、より質の高い保育や教育を意識した、子ども達にとってより良い施設への移行が進んでいます。

　保育とは、基本的には子どもを預かりよりよく育てるということです。一般的には、家庭から離れ保護者ではない一定の教育を受けた専門家が行う活動を指します。特に乳幼児を対象とした保育においては「養護」と「教育」の大きな二つの活動が中心となっています。「養護」とは「生命の保持と情緒の安定」をその基本とし子どもの生活を支えるケアです。そして「教育」とは「より良い人間性の育ち」を目指した活動です。これらの二つが合わさった活動を「保育」と呼びます。その活動を行う施設の代表が保育所であり、そこで働く専門職が保育士なのです。

■ 子どもが生まれたら保育所を考えよう

　待機児童の多い地域（特に都市部）においては保育所の入所のためにいろいろ学んだり、それに向かって様々な情報の収集や取り組みが求められます。これらを「保活」（保育所入所に向けての活動）と言います。これには手間も時間も、そしてお金も労力もかかります。乳幼児を抱えたママ任せにするのではなく、パパとママが互いに協力をして、自分たちの生活や理想、子どもの性格や個性に合わせた形での保育所の入所を目指しましょう。保活は、仕事復帰に合わせる形で進めていきますが、できるだけ早くから情報を集めたり、自分たちはどうしたいかの思いを明らかにしていきましょう。パパは子どもが生まれて名前をつけて出産届けを出しに行った足で、そのまま役所の保育担当の窓口にも行ってみましょう。地域の保育事情がわかると思います。まずはそこからスタートです。

　保育所にはどうしたら入所できるのでしょうか？　それを考える前にまずは自分の子どもがどのような認定区分をされるかを知る必要があります。保育所に入所するためには、基本的に子どもが保育所を利用できる認定を受ける必要があります。以下を参考にして、何号認定になるのかを確認しましょう。それにより利用できる施設が異なります。

　1号認定 満3歳以上で教育標準時間での保育が受けられる
　2号認定 満3歳以上で就労等により保育が必要とされる
　3号認定 満3歳未満で就労等により保育が必要とされる

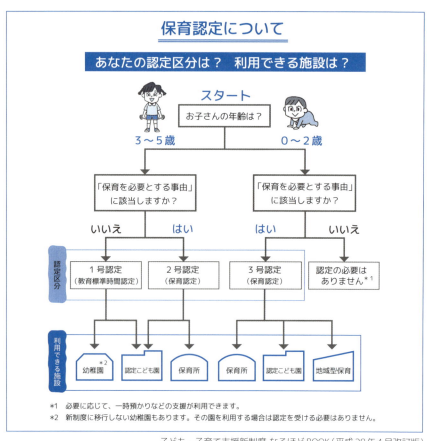

子ども・子育て支援新制度 なるほどBOOK（平成28年4月改訂版）

　1歳の誕生日を迎えパートナーが働いており、自分自身が元の職場に育休復帰を予定している場合は、3号認定とされます。この場合は今住んでいる地域の希望の保育所に定員の空きがあれば、4月でなくともそのタイミングで入所することができます。

　しかし空きがなく待機児童がいる場合は、優先順位の高い順番で入所が決まっていきます。多くの自治体ではポイント制を導入しており、そのポイントの高い方が優先度が高いとされます。詳しくはお住まいの自治体で確認しましょう。

| 3章　育休中の過ごし方

■ 保育所以外のサポート体制

　残念ながら都市部を中心に待機児童が多くあり、希望の保育所に、希望のタイミングで入れることばかりではありません。しかしそのような待機児童の解決のために、現在様々な対応がとられています。

　その一つが育児休暇の延長制度です。平成29年10月からそれまで1歳6ヵ月まで延長できた育児休業が、最長2年までの延長が認められるようになりました。育児休業給付金も2年分給付対象となります。うまく活用してみましょう。詳しくはお近くのハローワークなどに尋ねてみましょう。

　自治体ではさまざまな保育施設を増やし、預かる子どもの人数を増やしています。この数年間で全国的にも多くの定員の増加がなされています。保育所以外の施設についても調べてみましょう。

○ 認定こども園

　幼稚園と保育所の機能を持ち合わせた施設。地域のすべての子ども達を受けれることができるようになっていることが多くあります。子育て支援にも力を入れています。

○ 幼稚園

　幼児期の教育を行う施設。基本的には1号認定の子どもが通うのですが、延長保育や預かり保育を実施しているところもあり、それぞれの施設での独自の取り組みが多彩です。

○ 地域型保育

　少人数の0歳〜2歳の子ども達を家庭的な雰囲気の中において保育を行う施設であり、以下の4種類があります。

- 家庭的保育

  家庭的な雰囲気のもとで、少人数(定員5人以下)を対象にきめ細かな保育を行います。

- 小規模保育

  少人数(定員6〜19人)を対象に、家庭的保育に近い雰囲気のもと、きめ細かな保育を行います。

- 居宅訪問型保育

  障害・疾患などで個別のケアが必要な場合や、施設が無くなった地域で保育を維持する必要がある場合などに保護者の自宅で1対1の保育を行います。

- 事業所内保育

  会社の事業所の保育施設などで、従業員の子どもと地域の子どもを一緒に保育します。

子ども・子育て支援新制度について

平成29年6月 内閣府子ども・子育て本部

04

いよいよ職場復帰

CHAPTER 04

いよいよ職場復帰

01　1日のスケジュールをシミュレーション

- 夫婦でそれぞれが使える勤務時間制度を上手に利用
- 夫婦以外のサポートを復帰時から計画しておく

■ 共働きが始まったらどんな毎日になるのか？

　夫婦のいずれか、または両方が育休を終えて、共働きが始まるとどんな毎日になるのか、なかなか想像するのは難しいと思います。「ずっと家にいても時間が足りないのに、ここに仕事が入ったらどうなるのか、うまくいく気がしません」という不安をよく聞きます。確かに、今の毎日に追加で仕事が入ってきたらそうかも知れませんね。共働きになったときの1日のスケジュールを作って、シミュレーションしてみましょう。

　仕事がある日の1日のスケジュールを考えるときに、大事なことが二つあります。

　一つは、勤務形態です。夫婦のどちらも、出産前と同じ勤務形態（シフトがある場合はそれも含めて同じ働き方）とするのか、それとも、いずれか一方もしくは両方が育児による時間の制約のある働き方、例えば短時間勤務、短日勤務、時間外労働の免除、深夜労働の免除などを使うのかどうかを決める必要があります。これを考えるときには、単に働く時間の問題だけではなく、職場での自分の責任を果たせるかどうか、やりがいを持てるかどうか、収入がどのくらい変化するのか、などのポイントについてお互いによく考えて決める必要があります。

■ 4章　いよいよ職場復帰

```
┌─────────────────────────────────────────────────┐
│            1日のスケジュールを書くためのデータシート              │
│                                                 │
│ （1）子どもを預ける保育所名    （            ）       │
│     きょうだい別の場合2カ所目 （            ）       │
│                                                 │
│ （2）保育所1  保育時間                              │
│            登園時刻    （            ）          │
│            退園時刻    （            ）          │
│                                                 │
│     保育所2  保育時間                              │
│            登園時刻    （            ）          │
│            退園時刻    （            ）          │
│                                                 │
│ （3）夫の標準勤務時間    出社時刻 （            ）     │
│                     退社時刻 （            ）     │
│                                                 │
│ （4）妻の標準勤務時間    出社時刻 （            ）     │
│                     退社時刻 （            ）     │
│                                                 │
│ （5）夫の移動時間    家⇔職場   （            ）     │
│                  家⇔保育園  （            ）     │
│                  保育園⇔職場 （            ）     │
│                                                 │
│ （6）妻の移動時間    家⇔職場   （            ）     │
│                  家⇔保育園  （            ）     │
│                  保育園⇔職場 （            ）     │
│                                                 │
│ （7）子どもを夜寝かしつけたい時刻   （            ）     │
└─────────────────────────────────────────────────┘
```

CHAPTER

01 02 03 04 05

　もう一つは、保育時間です。お子さんを預ける保育所の保育時間が十分長い場合、朝何時から夕方何時まで預けるのかは、勤務時間との兼ね合いで決まってきます。保育短時間の認定を受けた方や、保育時間が短い保育所に預ける方は、必要な保育時間を確保するために、シッターさん、ファミリーサポート、親などの支援を復帰当初から検討しておきましょう。

　いろいろな要素があってどれを基準に考えたらよいのか迷うかもしれませんが、まずは**夫婦ともに通常勤務（時間外労働なし）で、保育標準時間（7時30分から18時30分の11時間）でやりくりできるかどう**

117

CHAPTER 04

かを基準に、考えてみてはいかがでしょうか。1日のスケジュールを書くためのデータシートを参考に、保育時間、通勤時間、勤務時間といった基本的なデータを記入します。その上で、夫婦でどのように保育園の送りと迎えを分担すれば、仕事の時間が確保できるのかを考えてみましょう。

　データがそろったら、仕事がある日の1日のタイムテーブルを使って、24時間を夫婦でどうやりくりすればよいかを、具体的に書いてみましょう。このテーブルは、左側に父親または支援者、真ん中に子ども、右側に母親または支援者の予定を書けるようになっています。例えば父親が単身赴任などで不在の場合は、支援者（祖父母やシッターなど）の支援についてこの欄に書きます。

仕事がある日の1日のタイムテーブル

保育園の送り担当（　　　　　）迎え担当（　　　　　）のケース
記入項目：勤務時間、保育時間、通勤時間、就寝、起床、朝食、夕食、入浴、身支度、家事など

勤務体系	父／支援者	子ども		母／支援者
		未就学児	就学児	
0:00				
1:00				
2:00				
3:00				
4:00				
5:00				
6:00				
7:00				
8:00				
9:00				
10:00				
11:00				
12:00				
13:00				
14:00				
15:00				
16:00				
17:00				
18:00				
19:00				
20:00				
21:00				
22:00				
23:00				
24:00				

4章　いよいよ職場復帰

　保育所の送り迎えの分担のパターン、または勤務シフトの種類の数だけ、このテーブルを書いてみるといいでしょう。テーブルの先頭に、保育園の送り迎えの担当者を書くところがあります。保育所の送り迎えは、通勤時間が短い人、車通勤の人、働く時間の自由が高い人が多く担当する方が一般的には望ましいですが、夫婦それぞれの事情に基づき、よく話し合って決めます。

　話し合った結果、保育所の迎えが毎日同じ人になっていませんか。**迎えから寝かしつけまでを毎日同じ人が一人で行うのは、負担が大きすぎます。**普段は迎えが難しい人も、残業ゼロの日が決まっている場合はその日に迎えをするとか、迎えに間に合わなくても、夕食には間に合うように、夕食に間に合わなくても子どもの風呂の時間までには帰るなど、**夜の時間帯は夫婦で協力体制を作って対応**しましょう。

　夫婦のどちらか一方が短時間勤務などの時間の制約がある働き方を選ぶことは珍しくありませんが、自分は母親だから、自分の方が収入が低いから、パートナーにキャリアを積んで欲しいから、といった理由で安易に時間の制約がある働き方を選ぶことにはリスクがあります。例えば、育児短時間勤務を選ぶと給与がカットされ、賞与も減ることがほとんどです。それだけでなく、会社にいることにこそ価値がある、という考え方が払拭されていない組織においては、短時間というだけで意欲が低いと判断されがちです。

　やむを得ず短時間勤務をする場合は、いつ通常勤務に戻すのか復帰時に決めておくこと、パートナーは短時間勤務をしている方が職場で肩身の狭い思いをしていないか常に気を配り、育児、家事の分担を相手に多くさせることのないよう、努力しましょう。

CHAPTER 04

いよいよ職場復帰

02 職場とのコミュニケーション

POINT
- 仕事復帰前に職場の上司と面談を
- 面談シートを使って上司に具体的に説明する

■ 職場復帰後の両立条件について、上司に知ってもらう

　職場復帰が近づいたら、職場の上司と面談をします。職場で面談を行う時期や面談内容が決まっている場合は、それに基づいて行います。面談があるが、内容が決まっていない、あるいは面談そのものがない場合は、面談シートに自分で記入し、それを上司に見せながら復帰後について説明します。

　面談の目的は、職場復帰後の両立条件について、上司に知ってもらうことです。正確に知ってもらえばもらうほど、その状況に合わせたちょうどよい仕事を割り当ててもらうことができるのです。せっかく厳しい保活に勝ち抜いて復帰したのに、大した仕事が与えられなかったり、逆に仕事の負荷が高すぎてこなしきれなかったりするのは辛いものです。1日に働ける時間や、子どもが病気の時に自分以外にも休んでくれる人がいるのかいないのかがわかれば、上司は仕事を割り当てやすくなります。

■ 4章　いよいよ職場復帰

　自分は育休を取っていなくても、**パートナーが育休から復帰するタイミングで上司に時間を取ってもらい、共働き育児が始まることを理解してもらう**必要があります。保育所の送り迎えをすることによって働く時間が変わったり、子どもの病気で休む日が増えたりすることを伝えておきます。「働く時間は少し減りますが、工夫して成果を出していきたい」という意欲を見せ、そうはいっても突発的に休むかもしれないことを理解してもらいます。**同僚にも、同様の内容を伝えておくことが大切**です。

育休復帰支援面談シート＜育休中・復帰後＞

休業終了予定の1〜2か月前になったら、今後の働き方について本人と話し合いましょう。

質問事項	確認方法	内容
職場復帰日の変更希望はありますか？	変更の有無と、変更の場合は日付を確認してください。	①あり（　　　年　　　月　　　日）　②なし
就業中の保育者（予定）を教えてください	該当するものに○をつけてください。	①認可保育園　②認可外保育園　③配偶者　④親・親族　⑤その他（　　　）
保育園利用予定の場合、現在の状況を教えてください	該当するものに○をつけてください。	①確定　②結果連絡待ち　③第2希望以降は確定　④未定
日常的に育児のサポートを受けられますか？	該当するものに○をつけてください。	①受けられる（配偶者／親・親族／民間サービス／その他（　　　））　②受けられない
緊急時に育児のサポートを受けられますか？	該当するものに○をつけてください。	①受けられる（配偶者／親・親族／民間サービス／その他（　　　））　②受けられない
勤務時間についての希望を聞かせてください	該当するものに○をつけてください。③と④については、希望期間を確認してください。	①育休取得前と同じ働き方をしたい②「育児時間」（1日2回各々少なくとも30分。子どもが1歳になるまで）を利用したい③所定内労働時間を短縮したい　[　　時　　分〜　　時　　分]　→時間短縮を希望する場合、期間はいつまでを考えていますか？（　　年　　月まで）④深夜労働・休日労働を免除してほしい　→免除を希望する場合、期間はいつまでを考えていますか？（　　年　　月まで）⑤その他（　　　）
所定外・時間外労働に関して配慮が必要ですか？	該当するものに○をつけてください。	①所定外労働の免除　②時間外労働の制限（月24時間、年150時間まで）　③その他（　　　）
遠距離の外出や出張に関して配慮が必要ですか？	配慮が必要な場合は、具体的に確認してください。	
職場復帰後の業務内容や役割分担などについての要望はありますか？	業務上の要望があるか確認してください。	※原則として育休取得時に交付した取扱通知書のとおりとなる点確認してください
仕事をする上で、周囲に配慮してほしいことはありますか？	何か気をつけてほしいことがあるか確認してください。	
その他、復職に向けて相談・連絡事項はありますか？	本人やお子さんの体調面のことなど、懸念点を確認し記載してください。（育休中に資格取得をしたか確認し、その内容を記載してください）	

※ 厚生労働省「育休復帰支援プラン」策定マニュアルより

CHAPTER 04

いよいよ職場復帰

03 保育園入園の準備をしよう！

- ▶ 保育園は見学して選ぼう
- ▶ 通園時間と通園方法を確認しよう
- ▶ 保育園とのコミュニケーションは大事

■ 保育園選びは、まず見学してみることから

　保育園は人数の空きがあって条件がそろっていれば、いつの時期でも入ることができます。ですが、大都市圏では待機児童問題があり、そもそも定員がいっぱいなので卒園児を送り出して子どもたちが進級するタイミングの4月入園が基本となっています。4月入園の場合の認可保育園の入園申し込みは一般的には11月〜12月ごろ。自治体によって若干違うこともありますので、まずは情報収集しておきましょう（→P110）。

　そして、申し込みをする前にぜひ足を運んで、いろいろな保育園を見学してみましょう。週末、子どもがいない時間に外側から見るよりも、**子どもたちが生き生き過ごすことができているかを見ることが大切**です。働く親としては、「まずは入ってもらわないと困る」と考えてしまいがちですが、保育園が足りない地域では急激に保育園を増設しており、そのため保育の質が問題視されることも少なからずあります。わが子が1日の大半を過ごす場所。安心して子どもを預けられる場所かを、ぜひ見極めましょう。

■ 4章　いよいよ職場復帰

よい保育施設の選び方　十か条（厚生労働省）

1 まずは情報収集を
市区町村の保育担当課で、情報の収集や相談をしましょう

2 事前に見学を
決める前に必ず施設を見学しましょう

3 見た目だけで決めないで
キャッチフレーズ、建物の外観や壁紙がきれい、保育料が安いなど、見た目だけで決めるのはやめましょう

4 部屋の中まで入って見て
見学のときは、必ず、子どもたちがいる保育室の中まで入らせてもらいましょう

5 子どもたちの様子を見て
子どもたちの表情がいきいきとしているか、見てみましょう

6 保育する人の様子を見て
保育する人の数が十分か、聞いてみましょう
保育士の資格を持つ人がいるか、聞いてみましょう
保育する人が笑顔で子どもたちに接しているか、見てみましょう
保育する人の中には経験が豊かな人もいるか、見てみましょう

7 施設の様子を見て
赤ちゃんが静かに眠れる場所があるか、また、子どもが動き回れる十分な広さがあるか、見てみましょう
遊び道具がそろっているかを見て、また、外遊びをしているか聞いてみましょう
陽あたりや風とおしがよいか、また、清潔か、見てみましょう
災害のときのための避難口や避難階段があるか、見てみましょう

8 保育の方針を聞いて
園長や保育する人から、保育の考え方や内容について、聞いてみましょう
どんな給食が出されているか、聞いてみましょう
連絡帳などでの家庭との連絡や参観の機会などがあるか、聞いてみましょう

9 預けはじめてからもチェックを
預けはじめてからも、折にふれて、保育のしかたや子どもの様子を見てみましょう

10 不満や疑問は率直に
不満や疑問があったら、すぐ相談してみましょう、誠実に対応してくれるでしょうか

CHAPTER 04

■ 通園時間と通園方法をチェックしよう

通園時間も重要です。あまり遠すぎると、毎日通う場所なので親子ともに疲れてしまうこともあります。ですから、**毎日通えることを前提に考えましょう**。通園は仕事との兼ね合いや時間帯によっては、祖父母に送迎を頼む、ファミリーサポートなどに送迎を頼むという方法もあります。また一部自治体では駅で子どもを受け入れてバスで園に子どもたちを送ってくれるサービスを実施しているところもあります。

企業内保育所や企業の近くの保育園に通わせる場合は、子ども同伴で通勤電車に乗らなくてはなりません。混雑状況などによっては、会社に相談して時差出勤するなど子どもも親自身も疲れすぎない方法を考えましょう。

自宅付近の保育園に通う場合は、徒歩や自転車になるでしょう。自転車通園の場合は、雨の日には子どもにレインコートを着せて、親もレインコートを着て、準備に時間がかかります。そんなことも少しシミュレーションしておくといいでしょう。

保育園の送りをパパが担当するケースも増えてきていますが、お迎えはママという場合がほとんどです。このあたりも、お迎えは必ずママではなく、仕事の状況なども考えながら夫婦で相談して、一定時期に交代するなどしてもいいでしょう。送りは子どもとの「別れ」、お迎えは「再会」の喜びの時間。お迎えも楽しく担当しましょう。

■ 保育園グッズは手間をかけすぎない

保育園に通うにあたって、かなりの親が戸惑うのが保育園グッズの準備。ハンドタオルや通園バッグなどは購入できますが、保育園によってはお昼寝用の布団カバーや着替え袋などを作成しなくてはならないところもあります。ママでもパパでも手芸が得意ならいいですが、不得意な

124

場合は、得意なママ友に実費プラス手間賃で作ってもらったり、最近ではネットで作成してくれるサービスもありますから利用するのもいいでしょう。

名前が読めない子どもの場合は、布を同じ柄にするとか、同じワッペンをつけるなどすると自分のものということがわかります。好きなキャラクターや電車などをつけてあげるといいですね。

■ 保育園とコミュニケーションを取ろう

共働きで時間がない場合、急ぎでお迎えしてさっさと家に帰ってしまいがち。ですが、重要なのが園とのコミュニケーションです。「家に帰ってから元気がない」など、**気になる様子があれば、ぜひ先生に伝えて情報共有**しておきましょう。園の先生も家での子どもの様子を聞けることは、園での接し方の参考になります。

連絡帳を活用するのも一案ですが、やはり直接コミュニケーションを取った方が伝わりやすいことが多いです。しっかり先生と話したい、相談したいことがある場合は「近々お時間をいただけますか？」と相談するといいでしょう。

保育園に通っていなくても、保育園や子ども園は子育てについての悩みの相談窓口になっているところが多くあります。問い合わせてみましょう。

CHAPTER 04

いよいよ職場復帰

04 子どもの病気に備えよう！

POINT
- 保育園の緊急第一連絡先をパパにしよう
- かかりつけの小児科を把握しておこう
- 病児保育に事前登録しておこう

■ 子どもが急に病気になったときどう考えるか

　共働きの場合、子どもが病気になると、いろいろ辛いものです。仕事が忙しいと、つい「なんでこんなタイミングで病気になるんだ！」と思ってしまうこともあるでしょう。でも、それを子どもにぶつけるのはＮＧ。子どもは「病気になる自分がいけないんだ」「病気になると親に嫌われる」と思ってしまうこともあります。子どもの側からしてみたら、病気で辛いのに心配してくれないというのは悲しいものです。

　病気の程度にもよりますが、親の方はできれば仕事を調整できるといいですね。そのためにも、普段の働き方が大事です。**急に休むことになってもチームでサポートしあえる体制が作れていると安心**ですね。

　夫婦で、子どもが病気になったときにどちらが迎えに行くかなど、シミュレーションしておきましょう。「パパが子どものかかりつけの小児科に行ったことがない」ということがないように、かかりつけの小児科をパパも把握しておきましょう。休診日や診療時間も確認しておくといいですね。

4章　いよいよ職場復帰

保育園の第一連絡先をママにしている家庭は多いですが、そこをあえて**パパを第一連絡先にしましょう。**ファザーリング・ジャパンでは第一連絡先をパパにすることを「ヒーロー登録」と呼んでいます。子どもが困っている時に第一にかけつけられる人。ママが第一連絡先になると、ママだけで何とか切り抜けて、パパが帰宅したときに「何かあったの？」なんていうことになりますから。パパが保育園からの第一報を受けて仕事を調整してみて、難しければママに相談してみるという方法も一案です。

■ いざと言うときの病児保育

病児保育（病気の子どもを預かる）、病後児保育（病気が治りかけの子どもを預かる）も少しずつ増えてきています。自治体やNPOなどで実施しています。病院に「病児保育室」が併設されているところもあります。

病児保育は自治体や地域によってまちまちですから「病児保育が遠くて使えない」「数が少なくて、いつもいっぱい」ということもあります。住んでいる地域の状況を把握しておきましょう。また、ほとんどの場合、事前登録が必要ですから、病気に備えて事前に登録申請をしておくと安心です。

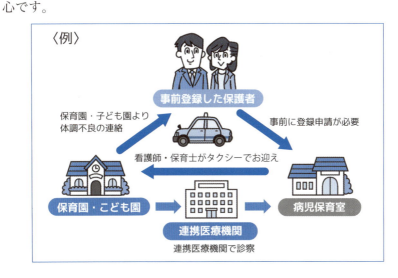

127

CHAPTER 04

いよいよ職場復帰

05 チームわが家を構築しよう！

POINT
- ▶ 様々なリソースと連携したチーム育児で余裕を創出
- ▶ どちらかだけではなく夫婦で体制を構築するのが鍵！

■ チームわが家とは？

「夫婦で家事も育児もシェアしながら頑張ろう！」と思っていても、なかなか難しいのが現実。忙しい共働き夫婦にとって今や両立の負担はママにもパパにものしかかっています。時間的にも精神的にも余裕がない中で夫婦二人だけで両立しようとしても、家事・育児の押し付け合いで夫婦関係もギクシャクしてしまいます。

　両立を成功させる最大のポイントは「夫婦二人だけでやろうとしない」ことです。サポートしてくれる家族や地域の人々、家事・育児を代わりに担ってくれる民間や行政のサービス、色々な便利アイテムを巻き込んで、両立体制を作ってみましょう。チームで両立できる体制を作ること、それが、「チームわが家」です。持てるリソースとアイディアと工夫を駆使して「わが家らしいチーム」を作ってみましょう。

■「チームわが家」は子どもにもプラス！

　子どもが安心して生活できる環境を整えるのは親の大切な役割です。でも、頑張りすぎてパパとママから笑顔が消えてしまうのはとても残念なことです。さらに、パパとママと子どもという限定された家族だけでなく、親族や地域の人々など信頼できる大人との関わりは、子どもの成長にとっても大切です。親以外の大人から「愛される」経験は子どもの自尊感情を育むと同時に、多様な価値観に触れる機会にもなります。<u>親が不在の時に親以外に頼れる大人がいることは、子どもの安心にも繋がります</u>。たくさんの人の助けを借りながら親も子どもも育ちあうことができる、それが「チームわが家」です。

全てのリソースを活用しなければならないというわけではありません。アウトソーシングは経費もかかります。予算を決めて、まずはできるところから始めてみましょう。

家族内サポーター

やっぱり安心できるサポーターのじいじ&ばあば。病気の時や緊急時、また、近くに住んでいない場合は、出張の時だけお願いすることも。でも、頼りすぎには注意。

家族外家族サポーター

近隣に住む共働き夫婦は保育園のお迎えに間に合わない時の強い味方！普段から一緒に遊んだり、お互い様になるような関係構築が鍵。

民間&行政サポーター

宅配サービスやネットスーパーは時短家事に最適。シッターさんは数社に登録して備えましょう。シルバー人材や大学生など、世代を超えた交流にも繋がります。

時短アイテム テクノロジー

便利家電は最強のお助けアイテム。家電選びで夫のテンションUP！家事参画のきっかけに。中食を活用して食事づくりの負担も軽減。子どもも楽しくお手伝いできます。

先生

送迎時に保育園や幼稚園の先生と積極的に会話することで信頼関係がUP。送迎時が難しい場合も連絡帳を活用してコミュニケーションを取りましょう。親子で期間限定の保育園生活をエンジョイ！

■ 4章　いよいよ職場復帰

■ 連携型子育てで子どもも頼れるサポーターに

　生まれてから最初の数年は本当に手がかかる子ども達。でも、成長とともにチームの一員としてパパとママを助ける強力なサポーターになってくれます。もちろん、「子どもが助けてくれれば親自身が助かる！」ということもありますが、子どもが家庭でチームの一員としてパパとママの役に立つことは、子どもの自己有用感や自尊感情を育み、子どもの成長にプラスです。

■ わが家らしい「チームわが家」を考えてみよう！

「うちは実家が遠いし、知り合いもいないからチームは無理！」「人に頼むなんて、ハードル高い！」という方でも大丈夫！　じいじ、ばあばといった従来型の人的リソース以外にも子育て世代が活用できるリソースが今はたくさんあります。誰と連携するか、何をどのくらい利用するか、また、どのくらいの経費をかけるか等、夫婦でよく相談しましょう。また、連携する人たちへの気遣いも大切。感謝とお互い様の気持ちを忘れないことが重要です。

■ 連携体制はパパとママ二人で構築しよう！

「チームわが家」を構築する際は、パパ、ママのどちらか一方ではなく、夫婦二人で考えることが大切です。夫婦のどちらか一人だけだと、結局は構築した方がリソースとの調整役となり、ワンオペ状態になりがち。負担感が解消されません。スケジュール調整の担当をリソース毎に分担する等、調整役も夫婦二人で行うよう心掛けましょう。両立体制の構築は以下の手順で行ってみましょう。

CHAPTER 04

ビジョンの共有

雑談レベルでいいので、お互いの働き方の希望やどんな家族にしたいか、何を大切にしたいかなどをざっくりと共有し、チームわが家のビジョンを考えてみましょう。

棚卸し＆スリム化

それぞれが負担している家事・育児を棚卸ししてみましょう。誰がどれだけ担っているか、どの項目が負担となっているかを見える化しましょう。また、削減できる項目や簡素化できる項目がないかも、合わせて検討してみましょう。

再分配＆リサーチ

棚卸しした家事を再分配してみましょう。夫婦のどちらが担うのか、どの項目をアウトソースするかも考えてみましょう。アウトソースについて情報収集しましょう。

いよいよ体制構築！

実際にチーム体制を可視化しましょう。129ページのような図でも、タイムスケジュールに書き込む形でも構いません。ビジョンやお互いの希望、家計に照らし合わせ無理がないか確認しましょう。

実践！！！

体制ができたらまずはやってみましょう。最初は負担に感じることも、慣れれば負担は激減します。状況に応じて微調整し、柔軟に対応するのもコツです。

復帰後の働き方
&
両立テクニック

CHAPTER 05

復帰後の働き方＆両立テクニック

01 復帰後の1年間は混乱期と心得よう

> **POINT**
> - 「混乱期」は「慣れる」ための試練
> - 「混乱期」で「ちゃんと」「べき」をそぎ落とす

■ 共働きなら仕事と両立するのは夫婦両方

育休から復帰すると日中は仕事に時間を費やすことになり、仕事との両立という新たなステージに突入します。このとき、仕事との両立をするのは夫婦どちらかではなく、パパもママもです。いよいよ「チームわが家」（→ P128）の実践です。

チームワークには「**チーム発展の4段階**」という有名なタックマンモデル（心理学者のタックマンが唱えた）があります。「チームわが家」の実践をこのモデルに沿って説明します（図参照）。

チーム発展の4段階
- 【第一段階】形成期
- 【第二段階】混乱期
- 【第三段階】標準期
- 【第四段階】達成期

「**チームわが家」は育休復帰前後が「形成期」**といえます。育休を夫婦のどちらが取得したか否かで、育児や家事という「家庭」を中心とした生活と、「仕事」を中心とした生活というように、この育休中の経験が夫婦で大きく違うと、「仕事」と「家庭」の両立という同じステージに歩み寄って新たにチームを形成していく必要があります。チームワークはバッチリとか、子どもも二人目だから大丈夫、という夫婦も、今回の育休復帰に関しては「形成期」です。

5章　復帰後の働き方＆両立テクニック

　なぜなら、一度「達成期」まで到達しても、子どもが一人増えた、これ
だけでチームは「形成期」からスタートすることになります。メンバー
が増えるほど、起こる事象も増えるし、その都度、それぞれの関係性や
役割も変わっていくからです。

「形成期」は、チームメンバー同士がよく分からない状態です。例えば、
パートナーの仕事内容はどうか、家庭役割のどこまで何ができるのか、
子どもたちは新生活がスタートすると心身がどう変化するのかなど、普
段一緒に生活しているはずのメンバーですら、両立ステージでは不明確
なことが山積みです。ここでは、少なくとも、復帰後の両立に関する考
え方、価値観をパートナーや協力を仰ぐ両親などと摺り合わせ、シミュ
レーションしてから育休復帰を迎えましょう。

　さて、実際に、育休復帰すると、さまざまな事象が発生します。想定し
ていた役割では対応できない、役割を担えていない、自分の役割だと思っ
ていなかったなど、問題が適時適切に対処できず、その都度、誰がいつ何
をやるのか、自己主張が強くなり、チームメンバー間で対立が起きるで
しょう。不安や恐れ、諦めの気持ちも増えます。「混乱期」のスタートです。

　大切なのは、チームの発展には「混乱期」は必ず来るということです。
ここで諦めだけが増幅し、チームメンバーとの対立すら避けるようにな
ると、「混乱期」から「標準期」には発展せず、チームから離脱、ワンオペ
育児に陥りますので注意が必要です。**復帰後、数カ月の嵐を抜けたら「標
準期」に進化する**と信じましょう。

■ 経験を重ねて、両立ステージに慣れていく

「混乱期」で大切な1つ目は、両立ステージに「慣れる」ことです。人間
の脳は初めてのことや不慣れなことに対して「めんどくさい」と思い、
適時適切な判断と行動が難しく、その都度ストレスを感じます。

135

CHAPTER 05

　例えば、保育園から子どもの「発熱」の呼び出し連絡が入ったとしましょう。必要な作業といえば、パートナーへの連絡、サポーター（祖父母、友人、第三者サービスなど）への連絡、子どもへの対応（何処の病院？診察時間は？帰宅後の食事内容は？）、取組中の仕事への対応（放置できる仕事？持ち帰る？在宅勤務利用の可否？引き継ぐ？誰に（上司？先輩？同僚？部下？）、どうやって？（口頭？メール？文書？）、今後のスケジュール変更（社内外との約束の変更と調整、病児保育の手配の必要性？）などなど。

　最初はすべてに慣れておらず、1つ1つに時間がかかり、その対応も不足したり過剰だったり、手配が終わった頃にはクタクタになっていることでしょう。しかし、何度か経験しているうちに、何をいつまでに誰とどうすればいいのか、難なくできるようになっていきます。その都度、パートナーと一緒に取り組んでいれば、その連携もスムーズになり、チームワークがよくなっていきます。逆に、すべて一人で対応していると、ワンオペ育児に陥るので注意しましょう。

　「混乱期」で大切な2つ目は、「ちゃんと」「べき」を適切に減らしていくことです。育休中では、やる「べき」育児が多すぎて、「ちゃんと」家事ができていないと感じることもあったかもしれませんが、勤務時間がないので、その分、費やせる時間は十分あったはずです。

　また、仕事のイメージはどうでしょうか？特に1人目の子どもの場合、独身時代や夫婦だけの時代の仕事の経験から、仕事とは、めいっぱい時間を使って没頭するものだと思いがちです。

　この「ちゃんと」やる「べき」育児と家事の品質を維持したまま、めいっぱい時間を使って「ちゃんと」仕事に没頭す「べき」と思って、両立ステージに突入すると、育休復帰後はあっという間に破たんします。なぜなら、子どもが生まれる前に100％仕事に集中し、育休中は100％育児と家事

136

5章 復帰後の働き方＆両立テクニック

に集中し、**両立ステージでは100%＋100%＝200%やろうとしても、そもそも200%もできない**からです。また1人目の子どものときにできた「ちゃんと」「べき」が、2人目の育休復帰後はできなくなることが増える場合も同様です。

「ちゃんと」「べき」は「理想の姿」です。人は「理想」と「現実」にギャップがあると「怒り」や「ストレス」を感じます。それを解消しようと、「理想」に「現実」を近づけようと努力しますが、**「理想」がかけ離れていると、その努力がいつまでも実らず疲弊していきます**。「理想の姿」は、チーム「形成期」から「混乱期」を経て、柔軟に変えていく必要があります。

「ちゃんと」「べき」の変化例（家事編）

育休中	1人目復帰	2人目復帰
手作り料理3品以上の夕食	ネットスーパーの半加工品の活用・手作りは週末中心	外食・冷凍食品・市販の惣菜の積極活用
毎食後3回、食器洗い	朝夜2回、食器洗い家電	夜1回、食器洗い家電
洗濯＋干す＋アイロンかけ	乾燥機付き自動洗濯機＋アイロンかけ	乾燥機付き自動洗濯機のみ
毎日部屋・トイレ掃除	週2回〜3回	週1回＋月1回家事代行も

そもそもその「理想」は、どこから来ているのでしょうか？

1. 自分の父親母親など小さな頃に育った家庭環境からです。小さな頃の生活スタイルは今の自分の生活スタイルに大きな影響を与えます。
2. 保育園・幼稚園でのしつけ、小学校・中学校での教育からです。小さなころに教え込まれたものは今の自分の礎となっているからです。
3. メディアや口コミ情報です。

どれも今パートナーとともに築いている自分の家庭の「外」からの情報であることに気づきます。「ちゃんと」「べき」は、今自分の家庭にある価値観やリソース（時間・スキル・能力・お金などの使える資源）の中で試行錯誤しながら柔軟に考えていくことをお勧めします。

CHAPTER 05 復帰後の働き方＆両立テクニック

02 確かな明日はない
〜育児期のワーク・ライフ・マネジメント

- 仕事と生活の衝突・葛藤こそ働き方変革の原動力
- タイムマネジメントPDCA、見える化、お願い力

■ バランスは人によって、タイミングによって違う

　ワーク・ライフ・バランスは日本語で「仕事と生活の調和」と訳すことが多いですが、本来は誰もが仕事以外の生活もありますので、仕事と生活の調和は職場において育児期の社員だけでなく、誰もが享受できるものであるはずです。また、「バランス」と言っても仕事50％、生活50％というヤジロベエのバランスと違います。**バランスの在り方は人それぞれ違ってよく、同じ人でもタイミングによって違っていいのです。**

　逆に、ワーク・ライフ・バランスが取れていない状態を「ワーク・ライフ・コンフリクト」と言います。日本語で「**仕事と生活の葛藤・衝突**」です。**コンフリクトに陥った社員は職場で十分にパフォーマンスが出せなくなる**ことが先行研究でわかっています。

　よって、職場で働くすべてのメンバーがコンフリクトに陥ることなく、それぞれの思い描くバランスが取れている状態であれば、職場は最もパフォーマンスが上げられる環境ということになります。

　つまり、ワーク・ライフ・バランスは自分だけが実現できればいいというものではなく、「職場の仲間はどうだろう？」とか、「家庭に目を向

■ 5章　復帰後の働き方&両立テクニック

ければ、自分のパートナーは実現できているだろうか？」などと、自分に関わる人たちのワーク・ライフ・バランスを実現させるために、自分は何ができるのかという視点で実行し、1つ1つ実現していくことが大切です。これはバランスを取るというより、自ら主体的にマネジメントする方が近いので、ワーク・ライフ・マネジメントと呼ぶことにします。

■ コンフリクトを働き方改革の原動力に

　育児期のワーク・ライフ・マネジメントの特徴の1つ目は、特に子どもの発熱など保育園からの呼び出しが頻繁な時期は、早退のリスクも高く、いつ呼び出されるか分からない中で職場では業務遂行する必要があるということです。2つ目は、長時間労働前提の職場の場合は、保育園の迎えに間に合う時間に会社を出る必要があり、職場メンバーよりも「早帰り」になるということです（図参照）。

　つまり、育児期の社員の「理想（子どもの発病にはすぐ駆けつけたい、毎日余裕を持って保育園の送り迎えをしたい等）」と「現実（日本の職場の多くは、フルコミット前提の長時間労働職場）」のギャップが大きいと、独身時代や夫婦だけの時代と異なり、コンフリクトに陥る可能性が高いのが育児期の特徴です。

　いやむしろ、**コンフリクトを働き方変革の原動力に変えていく**ことをお勧めします。コンフリクトを少しでも小さくするためにどうしたら「現実」を「理想」に近づけることができるのか、毎日考えて1歩1歩前に進もうとする人と、流されるまま毎日を過ごす人とでは5年後10年後大きな力の差になることは明らかです。

そのワークとライフの「現実」をより実現に近づけるためにできる初めの一歩は？

CHAPTER 05

この時期に大切なことは、次の３つです。

① 個人の業務効率からの職場変革

業務が終わるまで労働時間を費やせた時代と違い、育児期は帰る時間が決まっています。限られた時間で成果を出すタイムマネジメントが必要です。ここで、タイムマネジメントとは、時間の管理ではなく、仕事の管理です。もっといえば、仕事ごとに費やす時間を意識した仕事の管理といえます。

仕事は重要な仕事もそうでない仕事も毎日たくさん押し寄せてきます。すでに抱えている仕事があります。人にお願いしている仕事もあるでしょう。この優先順位を変えながら、最短コースで業務を進めていくための準備として、タイムマネジメント「PDCA」にチャレンジしてみましょう。繰り返しているうちに、どういう業務にはどのくらいの時間がかかるということが分かってきます。すると、抱えている業務の総量・総時間がイメージでき、時間内で何を優先すべきか分かってきます。

> Plan（計画）：業務の手順を考え、完了まで何時間かかるか、予測して記録
>
> Do（実行）：計画どおり実行し、時間を記録
>
> Check（振り返り）：予測時間と実行時間の差は何が原因かを分析
>
> Action・Adjust（改善）：原因分析で見えた改善策で再挑戦

しかし、一人でできる業務効率には限界があるとすぐに気付くはずです。一人で完結する仕事より、チームで行う仕事のほうが多いからです。

そこで、**コンフリクトに陥っていなかった独身時代には気付かなかった様々な改善点が見えてきます**。例えば、前工程の人が、もっとこうしてくれれば効率的だから、伝えてみよう。上司の指示が曖昧で手戻りが多いから、私から前もって上司に具体的な指示を仰いでみよう、などです。コンフリクトを原動力にし、理想に近づけるために自らマネジメントすることで、個人から職場メンバーへと変革を波及させていきます。

▌5章 復帰後の働き方＆両立テクニック

② 確かな明日はない危機感からの見える化

　タイムマネジメントが身についてくると、業務の軽重がイメージでき、相手へのアプローチの仕方を変えることで上司や職場メンバーの言動を自分が望む形に変化させることが増えてくるでしょう。ここで、気を付けないといけないのは、「明日やればいい」と思っても、その「明日」は「来ないかもしれない」という危機感です。

　例えば、保育園から帰宅して「食欲がないから熱を測ったら高熱だった」とか、「昨夜まで元気だったのに翌朝高熱だった」なんてことは頻繁に起こることです。

　育児期の社員に「確かな明日はない」という緊張感を持ち、1日の勤務時間の最後の30分は、業務の見える化・共有化・文書化など最低限の引き継ぎ体制を図ってから業務を終了しましょう。

③ 一人で抱える迷惑からの「お願い力」

　独身時代は、自分に与えられた業務が時間内に終わらなければ、残業してでも自分の力で終わらせるとか、誰かに任せるより自分でやったほうが早いと考え「私がやります」という力技が使えました。

　その経験も手伝って、育休から復帰すると、すでに仕事と子育ての両立で周囲に迷惑をかけているのだから、何とかして自分でやり切りたい、と業務を一人で抱える傾向が強くなります。しかし、育児期の私たちに「時間があれば」「自分がやれば」の考えは捨てる覚悟が必要です。むしろ一人で抱えることはかえって職場にとって迷惑だと自覚しましょう。

　これから必要な力は「お願い力」（受援力）です。①と②ができていれば、**あとは周囲との信頼関係とコミュニケーションを向上させることで「お願い力」が使えるようになります**。結局、信頼関係とコミュニケーションが仕事の効率化の両輪であることに気づくでしょう。

CHAPTER 05

復帰後の働き方＆両立テクニック

03 職場とのコミュニケーション

POINT
- ▶「すみません」を「ありがとう」に変えてみる
- ▶ 職場状況を知り、自分の状況を知ってもらう
- ▶ 上司とのコミュニケーションは働き方を通じて！

■ 感謝はチームの潤滑油

　小さい子どもを保育園や総合こども園に預け、家庭内でも家事育児分担をし、夫婦でスムーズ物事が進んでいても、職場でのより良いコミュニケーションが取れなければいくらご自身の効率的な働き方を実践しても効果が半減してしまいます。

　会社や組織に帰属していると、子育てに関する様々な出来事で周囲のメンバーに時間的に迷惑をかけてしまうのではないかと不安感にかられ、必要以上に「すみません」という言葉を多用してしまいます。

　確かに、チーム全体で取り組んでいる仕事が佳境を迎える中で自分一人だけが子どもの学校行事や急な発熱などで一旦その場を離れてしまうことは、とても申し訳ない気持ちになってしまいます。だからこそ「すみません」という言葉が先にでてしまうのですが、この「すみません」を「ありがとうございます」に変える話し方がチームの人間関係にも大きく影響を与えます。

　例えば「子どもの予防接種があり、お休みをいただき申し訳ありません」から「これで子どもの予防接種に行く事ができます。ありがとうございます」というように、ネガティブワードをポジティブワードに変え

ていくところから始めてみましょう。現実的に、休まなければならない状況なのですから謝るよりも感謝するチームに所属する方が気持ち的にすっきりするはずです。

　何よりも「あまり気にしていない人」に対して、「すみません」を連呼することで「気にしていなかったのに何だか自分だけが負担感があるな」と感じる事を防ぐこともできます。

■ 職場状況を知り、自分の状況を知ってもらう

　育児休業から復帰すると男女に関わらずそれは大変です。復帰した方はしばらくの間その場所から離れていたので職場の業務について把握できていない事がほとんどです（最近ではそのような事を無くすために、復帰前プログラムに取り組んでいる企業もあります）。

　まずは現在の職場の環境がどうなっているのかを、職場復帰のタイミングの挨拶と共に情報収集を心がけていく事でコミュニケーションの良い循環が生まれます。それは相手の状況を聞く事により、自分の事を聞いてくれるようになる事です。子ども本人の事、保育園の事、将来の小学校の事や夫婦での家事育児分担の話など、聞いてくださったときにコンパクトに自分や家族の状況を伝える事が大事になってきます。

　このコミュニケーションにより、急に仕事の調整をしなければならなくなった時に職場のメンバーが自分の家庭内状況の把握を少しでもできているかいないかで、全く対応が変わってくるのです。

CHAPTER 05

■ 上司とのコミュニケーションは働き方を通じて！

「ワーク・ライフ・バランス」「残業削減」と言われる現在、それができていないからと会社や組織の批判だけをしていてはチームで孤立してしまうことだってあり得ます。ではそんな時にどうすれば良いのでしょうか？特に上司とのコミュニケーションで大事なのは日々の業務のゴールを共有するという事。朝礼がある会社であれば今日一日のタスクを上司や同僚、チームメンバーに伝え、そこに向けて仕事をしていき、終礼時にそれをまたフィードバックする。「あいつだけ早く帰る」と思われるのではなく、「やる事をやっている」と周囲が理解し始めます。

このような報告をし始めると徐々に上司からの仕事の支持も朝にリクエストが出るようになり（もし出なければ、出してもらうように依頼するのも大事なポイントです）、仕事の予定や協力体制が整うチームに変わっていくのではないでしょうか。これは結果として、子育て中であるご自身と上司のコミュニケーションの取り方が社内や組織の風土さえも変えてしまうということなのです。

上手なコミュニケーションを利用しながら仕事において信頼を勝ち取る事ができれば、きっとあなたの上司は子育てにもそのほかの事情にも理解を示していく事でしょう。

■ 巻き込み型コミュニケーション心得

　例えば、子どもの急な発熱の連絡は、保育園からどのようにくるでしょうか。多くの場合個人のスマートフォンなどに連絡が来ることが多いと思います。巻き込み型コミュニケーションでは、この個人的な連絡を敢えて「会社を巻き込んでいく」工夫が大切です。

　このケースであれば個人の連絡先に着信があるのではなく、職場の代表電話等に保育園から電話をいただき、呼び出してもらうというワンクッションを入れるだけで状況が変わります。

　一般的な職場であれば「○○さん保育園からお電話です」と一声かかるケースもあるでしょう。そうでなくとも、内線で呼び出されてその場で少し大きめの声で「えっ、今、体温何度なんでしょうか？吐いたりしてませんか？」などと少し保育士さんと会話をすることでチームのメンバーはかなりの確率で状況を理解する事ができます。そうするとその後のやり取りもスムーズにいく事でしょう。

　大事なポイントは、自分自身の工夫やがんばりだけで乗り切らない事です。

　今は子育て期で自分自身に時間制約が生まれている状態で、周囲に迷惑をかけてしまっているかもしれないと感じるかもしれませんが、そうではありません。子育て期の人もいれば介護をしながらの人や病気療養しながらの人もいるかもしれません。それだけでなく副業や趣味に時間を割きながら働くスタイルも出てきている世の中です。個人の頑張りや努力だけでなくしっかりとコミュニケーションを図りながらチームで仕事に取り組む形を自ら率先するタイミングではないでしょうか。

復帰後の働き方＆両立テクニック

04 子どもの成長と両立

- 子育てサービスも使って小1の壁を乗り切る
- 小4の壁は子どもと相談し、子どもの意志も尊重
- 地域とつながることはセーフティネットにもなる

■ 小1の壁をどう乗り越える？

　子どもの成長によって共働き夫婦に出てくる問題が「小1の壁」。小1の壁とは、子どもが小学校にあがるときに直面する問題です。保育園のときには延長保育があって、仕事の帰りに保育園に迎えに行けたのに、小学校になり学童保育に入ったら子どもの預かり時間が短くなる場合があります。学童によっては、低学年のうちは保護者のお迎えが必要な場合もあり、子どもが幼い保育園時代にはうまく回っていたのに、会社を早く出なくてはならないというケースもあります。

　企業によっては、子どもが小学校になると時短勤務を使えなくなるところもあります。今までよりも預かり時間が短くなるのに時短勤務を使えない、時短勤務を外すと残業もしなくてはならなくなり定時に帰るのが難しい。そもそも定時に帰っても、学童のお迎えに間に合わない……。なんていうことも。もともと学童保育に入ること自体が激戦区で、定員から漏れてしまうということあるでしょう。

■ 5章　復帰後の働き方&両立テクニック

　このような「小１の壁」に直面して、仕事を辞めてしまうママも少なからずいるのが事実です。**今まで継続してきたキャリアをあきらめることなく、「できないから辞めるしかない」ではなく「仕事を継続するための方法」をぜひ見つけて欲しい**と思います。

■ 夫婦で、サービスを使って&習い事で乗り切る

　本書でお伝えしてきた働き方を夫婦で見直すのはもちろんですが、夫婦共に忙しい期間は親が帰宅するまで、ファミリーサポート（自治体により異なるが小学校まで利用できる）などにお迎えと子どものケアをお願いする方法もあります。

　または、ご近所同士で協力し合い、持ち回り制でどこかの家庭がお迎えを担当するという方法で乗り切っているケースもあるようです。

　もう一つの方法は、学童と習い事のプラス。習い事を入れることによって、習い事の終了時間までにお迎えが間に合うように乗り切るという方法です。このケースの場合も、学童から習い事には送迎が必要なため、ファミリーサポートなどを使う方法もあります。

　ただしここで気を付けたいのが、子どもの気持ち。帰宅時間を遅くするために子どもに習い事を詰め込んでしまうケースも少なくありません。そうすると、子どもは学校のみならず、放課後もずっと集団の管理された環境で過ごすことになります。大人でも家に帰って寝転がったり、ぼーっとしたり、だらだらと息抜きする、また想像力をふくらませる時間はとても大切です。「子どもには予定を突っ込んでおかないとダラダラして何もしない」と考えてしまうことなく、子どもと相談しながら、ぜひゆとりあるスケジュールを家族で作り上げていきましょう。

CHAPTER 05

■ 小4の壁をどう乗り越える？

「小1の壁」に続いていわれるのが「小4の壁」。

学童保育はほとんどの自治体で小学校3年生までというところが多かったのですが、2015年児童福祉法の一部改正に伴い**学童保育の対象が「おおむね10歳まで」だったものが「小学生」いっぱいへと拡大**されました。ということで、現在は小学校6年生まで継続して学童に通える地域が増えましたが、学童の待機児童問題によって新1年生や低学年の入所が優先されているケースもあります。また年齢的にも10歳ということで、学童に継続して入所できたとしても退所して、下校後は友だちと遊んだり自宅で過ごすという子どもも少なくありません。

習い事も低学年の時には親が送り迎えしていたけれど、そろそろ子どもだけで（親が送迎せず友だちと一緒に）行かせるというケースも増えてくるようです。

さらに小学校4年生ごろから、思春期の入り口にたつ子どもも。それまでは親が提案したように動いてくれていた子どもが、「ボク（私）はこうしたい」「なぜそうしなくてはいけないの？」と自分の意志を持ってぶつかってくることも増えてくるでしょう。

親が子どもの放課後をすべて把握することもだんだんと困難になってきます。

そんな時には、**ぜひ子どもと相談して、子どもを守るための最低限の約束事を決めて**おきましょう。「（子ども）1人の時にはドアをあけない」「（友だちと遊ぶなど）いつもと違う場所に行く場合は、親に連絡する」など。子どもが負担になりすぎない家での役目（炊飯器をセットしておくなどの家事）も、相談しておくといいでしょう。

148

■ 防犯や減災のためにも地域と顔見知りになる

　親自身が積極的に地域の人とコミュニケーションを取ったり、地域の活動に参加することも大切です。子連れで街を歩いてあいさつしたり、地域のお祭りなど行事に参加することによって、子どもをお披露目することになります。地域の人が子どもを把握していることは、近所の人が危ないことがあったら保護してくれたり、危ない場所に行こうとしていたら声をかけてくれるなど、見守る目になってくれる可能性があります。

　また火事や大震災などのときに「あの家には小さな子どもがいたはずだ」など、救助が必要な対象者として把握してくれる可能性もあります。

　小学生以上になれば親がいつでもそばにいるとは限りませんし、また親子でいても、**大震災や自然災害などの場合は特に近所の人と協力できることはとても心強い**ものです。まずは近所の方とのあいさつや、地域の行事やお祭りなどへの参加から始めてみましょう。

CHAPTER 05

復帰後の働き方＆両立テクニック

05 お互いのキャリアの希望を叶えるために

- 自分の人生をよりよく生きよう！
- 共働きだからこそ選択肢が増える
- 両立で完璧を目指さない！

■ パパもママも子どもも自分の人生をよりよく生きる

　仕事と子育てを両立させるための考え方や方法、制度の活用について解説した本書も、いよいよ最終節になりました。最後にお伝えしたいのは、パパであれママであれ、子どもを含めて「自分の人生をよりよく生きよう！」というメッセージです。

　仕事と子育ての両立は、言うなれば手段です。両立という手段を使って何を実現したいのか。目標を明確にすることで、両立を進める意欲が高まり、力強く行動できるようになるでしょう。
　とはいえ、乳幼児の子育て真っ盛りのときは、将来のことまで考える余裕はとても持てないかもしれません。それでも、子どもが就職して自立したときに、自分はどのような働き方をしていて、どのようなキャリアを築きたいと思っているのかをイメージしておくと良いでしょう。
　将来のキャリアを考える際にぜひ押さえておきたいのは、家族の希望と都合です。夫には夫の人生があるように、妻にも妻の人生があります。わが子もまた、親とは違う人生を歩んでいきます。自分がキャリアをどうしたいかを考えるのは勿論大事ですが、子育て中の家庭の場合は自分

だけの希望や都合で決められるものではありません。

　自分なりに将来のキャリアを思い描いたとしても、不意打ちでキャリアの方向転換を迫られることもあるでしょう。転勤の辞令が出れば、家族で引っ越すのか、単身赴任するかの選択を迫られます。そうした事態になったときも、一人で抱え込んで決断するのではなく、夫婦で将来のキャリアプランを含めて話し合ってから、判断を下しましょう。

　子育て世代は年代的に、昇進などキャリアの転機が重なります。他にも、子どもが生まれたのを機に独立したり、家族で海外に移住したり、夫婦で話し合って専業主"夫"になる等、様々なケースがあります。**家族のあり方は異なりますから、正解はありません。**家族で話し合って納得できる選択をしましょう。

■ 共働きならではの夫婦連携プレー

共働きをしていることで得られる利点として大きいのは、**共働きをしているからこそ複数の選択肢を持ちやすい**ことがあります。例えば、転職などキャリアチェンジしたいと願ったときに、片働きの人よりは共働きの方が家計のリスクが少ないため、チャレンジする選択をしやすいです。

夫婦でそれぞれのキャリアのタイミングがあると思います。夫が仕事の踏ん張りどきにいるときは妻が家事育児をフォローし、妻がキャリアでチャレンジするときは夫が仕事をセーブしてバックアップするなど、共働きならではの夫婦連携プレーを発揮しましょう。**年単位、月単位で夫婦の役割分担を切り替える**プランもありだと思います。

事例のように可能であれば、**子どもの年齢に応じて働き方を見直す**ことも試みたいところです。保育園に入園したばかりの乳児の頃は病欠や呼び出しが多くなります。子どもの急な発熱でも柔軟に休むことができたり、時短ができる働き方ができれば理想的です。子どもが小学校にあがれば終わりではなく、小一の壁とよばれる放課後の居場所問題や高学年になれば中学受験の対応を親がすることもあるでしょう。思春期を迎えるとまた別な問題が発生して親の関わりが重要になる場面があらわれます。

組織勤めの方には難しいところは正直ありますが、できるかぎり柔軟な働き方を試行することで、家族の状況に応じて臨機応変な対応ができます。

5章　復帰後の働き方&両立テクニック

ある夫婦の事例

連携プレーで働き方を変えたAさん夫妻のケースを紹介します。夫は公務員、妻は保育士でした。2人目を出産した際、妻は1人目の子育てで十分に時間をかけられなかったと反省する気持ちがあり、職場復帰後はフルタイムからパートタイムに切り替えました。給料と仕事のやりがいは減りましたが、二人の子育てが充実して満足感を得ることができました。復帰後一年たつと職場から要望もあり、フルタイムの勤務に戻しました。

翌年、妻は主任に昇格し、残業が増えました。今後は、夫が仕事をセーブして定時帰宅し、毎日の保育園送迎と夕食準備を担当するようになりました。夫は「保育園でお友達から、〇〇ちゃんのパパ！と呼んでもらえるときが一番幸せ！」とご満悦です。そして、子どもが二人とも小学校にあがると生活時間に余裕ができ、夫婦共に以前より仕事に注力するようになりました。

■ 完璧を目指さない

両立戦略を成功させるための心構えとして最も大切なのは、仕事と子育てで完璧を目指そうとしないことです。「完璧な両立なんて無理！」と悟りましょう。完璧にこなそうとしても仕事はいくらしても際限がないですし、子育ては思い通りにならないことが多く、挫折と絶望感にさいなまれます。手放すところは手放し、できることをできる範囲で行うスタンスに切り替えるのです。

仕事と子育ての時期は大変です。しかし、**大変なときほど「大」きく「変」われるもの**。これまで自分たちがやってきた方法論にとらわれず、本書で提唱されたことで、いいな！と思うものがあったら実行してみてください。

そして、大変な時期を乗り切るときに必要なマインドは、**なんとかなる！**

自分だけで解決しようとせず、身近な人に頼れるものは頼り、利用可能な制度やサポートを積極的に活用し、疾風怒濤ともいえる両立期を乗り切っていきましょう。

■ わが子が笑っている大人になるように！

ファザーリング・ジャパンが最も大切にしているメッセージは「いい父親ではなく"笑っている父親"になろう！」です。正しさよりも、楽しさを求める子育てや働き方を志向していきたいです。

いい親ではなく、笑っている父親と母親のもとで育った子どもは、きっと笑顔で健やかに育つでしょう。笑っている親子の家庭は明るく、そうした家庭が増えれば、もっと子育てしやすい社会になるはずです。

子育ては人類の未来をつくるプロジェクト。パパ業ママ業ほど素敵な職業はありません。笑っている親のもとで育まれた子どもたちが将来、"笑っている大人"になりますように。

NPO法人ファザーリング・ジャパンによる主なプロジェクト紹介

FJ ではメンバーがたくさんのプロジェクトにジョイントし、さまざまな発信を行っています。

■ ワーク・ライフ・バランス推進事業

イクボスプロジェクト
イクボスが増えれば、社会が変わる。
管理職養成事業。

———

さんきゅーパパプロジェクト
パパが休めば、日本の子育てが変わる。
そして社会が変わる。男性の育休取得
推進事業。

———

マザーリング・プロジェクト
ママの笑顔を応援。ママたちをエンパ
ワメントします。母親支援、女性活躍推
進事業。

■ 家族の多様性支援事業

パートナーシップ・プロジェクト
子どもがあこがれる笑顔の夫婦になろ
う。夫婦のパートナーシップ応援事業。

———

プレパパ・プロジェクト
赤ちゃんを迎えるパパたちへの情報提
供と、コミュニティの創出。社会への提
案。

———

秘密結社　主夫の友
女性の活躍推進には男性の家庭進出が
必須！主夫を増やすことは選択肢を増
やすこと。

■ 男性のエンパワメント事業

Stand by Me ～思春期プロジェクト
父親たちへ：わが子の力を信じよう。
思春期の子どもたちへ：自分のチカラ
を信じよう。

———

Men's PTA プロジェクト
父親×学校×地域でパパレボリューショ
ン。父親の地域参画支援事業。

———

イクジイプロジェクト
笑っているおじいちゃんが社会を救う。
孫育て講座、中高年のエンパワメント事
業。

———

男の100年ライフ・プロジェクト
「持てる力」を社会で発揮し、人生100
年を楽しく生きる男性を増やすための
「生き方改革」事業。

■ ダイバーシティ＆インクルージョン事業

メインマンプロジェクト
発達障害児の「メインマン」（親友・大
切な人）になろう。発達障害児のいる父
親とその家族支援。

———

パパ's ドーナツ・プロジェクト
食物アレルギーの子どもの育児を楽し
もう。パパもつながろう。アレルギーを
持つ子どもとその家族支援。

ハイブリッド型夫婦でいこう！

　娘が生まれた１９９７年。僕は35歳でパパになった。

　自分が子どもの頃は、「働く父親と専業主婦の母」という昭和の家庭モデルで育ち、中学・高校では「家庭科」がなかった世代だ。そんな古い世代のＯＳだった僕だが、ラッキーだったのは子どもを持っても働くことが当たり前の意識を持った女性と結婚できたことだ。共働き核家族なのでやらざるを得ない状況。強制的にＯＳをアップデートするしかなかったのだ。おかげで時間はかかったが子育ても家事も楽しめるようになった。でももう一つ大事なことに気づく。それはパートナーとして「働く妻のキャリア」を応援することだった。

　当時、書店長という仕事のせいもあって育休こそ取らなかったが、妻が職場復帰後は保育園の送迎は僕の仕事になった。また妻が時短勤務しなくていいように、いったん夕方バイトに店を任せ保育園へ。娘を連れてそのまま店に帰り背負ったままレジに立っていた。その後、18時半くらいに仕事帰り＆買い物済の妻が店に立ち寄りそのまま３人で帰宅。夕飯を食べ、娘をお風呂に入れてから店に戻り、閉店作業をしていたこともあった。あえて自宅と職場と保育園の三角形を「自転車15分圏内」にしたからこそ出来たこと。ワークライフバランスの基本は「職住接近だ」と悟った。

　また、子どもが小さいときは病気で仕事を休むことが多くなる。緊急事態だ。朝、発熱していると「どっちが休む？」とよく顔を見合わせた。

おわりに

多くの家庭ではママが休むのだろうが、妻だけが休んでいたら会社から「戦力外」と見なされ昇格に影響が出る。今でこそ女性活躍の名の下で両立支援は進むが当時はまだそんな感じだった。だから僕は妻の仕事もリスペクトしつつ、自分の働き方や職場での役割を見直して、非常時でもフレキシブル対応できるパパとして妻のキャリアを支援できたのだと思う。それはまるでクルマのハイブリッド車（ガソリンと電気モーター2つのエンジンを道や状況で瞬時に使い分ける）のようなシステムだった。

そんな育児と仕事のやりくりを3人の子どもを育てながら、妻と20年続けてきた。末っ子も小学5年生になり、もう子の病気で仕事を休むこともほとんどない。妻は大手企業で事業リーダーになった。「あの頃の暮らしが懐かしいね」。先日も長女の成人式の写真を眺めながら、同志・戦友のような関係になった妻が晩酌しながら言った。

20年前、妻がもし仮に専業主婦志向の女性だったら、僕は古いＯＳのまま昭和の父親のように仕事だけして育児家事に関わらず、「笑っているパパ」になれなかったはずだ。そしてＦＪも生まれなかっただろう。これから仕事も育児も人生も楽しみたい人は、ぜひ燃費もいいハイブリッド型で！

NPO法人ファザーリング・ジャパン代表理事　**安藤 哲也**

編集&執筆者紹介

〈編集・執筆〉

高祖常子／ NPO法人ファザーリング・ジャパン理事、育児情報誌miku編集長
著書は『感情的にならない子育て』ほか。執筆や講演を行う。3児の母。

林田香織／ NPO法人ファザーリング・ジャパン理事　ワンダライフLLP代表
研修講師。両立、夫婦戦略が得意分野。専門は家族社会学。三兄弟の母。

＜執筆＞

安藤哲也／ NPO法人ファザーリング・ジャパン代表理事
2006年にFJを設立。講演や絵本読み聞かせなどで全国へ。3児の父。

小崎恭弘／ NPO法人ファザーリング・ジャパン顧問、大阪教育大学家政教育講座准教授
兵庫県西宮市初の男性保育士。大学教員となり、父親や父親支援の研究を行う。

東浩司／ NPO法人ファザーリング・ジャパン理事、株式会社ソラーレ代表
36歳で長女が生まれたのを機に研修講師で独立。2児のパパ。

塚越学／ダイバーシティ＆ワークライフバランスコンサルタント
企業・自治体等で講演やコンサル多数。3児の父で各々育休取得。

川島高之／コヂカラ・ニッポン代表、三井物産系上場会社の前社長
著書は『いつまでも会社があると思うなよ』『職場のムダ取り教科書』。

横井寿史／横井寿史社会保険労務士事務所所長
労働問題から家族の食事作りまでをごきげんにこなす男子4人の父。

内木場豊／NPO法人ファザーリング・ジャパン理事、ウチコバンク代表
三児の父でPTA会長のファイナンシャル・プランナー。

徳倉康之／株式会社ファミーリエ代表取締役、NPO法人ファザーリング・ジャパン理事
関東から四国に移住し起業。妻と共働き、3児の父親。

山口理栄／育休後コンサルタント®、育休後カフェ®主宰
仕事と育児の両立支援、育児中の部下を持つ管理職向け研修の講師。

新田香織／特定社会保険労務士、キャリア・コンサルティング技能士2級
仕事と育児・介護の両立、多様な働き方等の分野に強い社労士。

阿川勇太／NPO法人ファザーリング・ジャパン関西メンバー、保健師
家族支援看護専門家として活動。育休取得経験ありで二児のパパ。

大橋博樹／多摩ファミリークリニック院長
新米パパ時代の悪戦苦闘を活かしてママ・パパを応援しています！

三木智有／NPO法人 tadaima! 代表理事
ただいま！と帰りたくなる社会を目指し家事シェアを広める活動中。

NPO法人ファザーリング・ジャパンとは

NPO法人ファザーリング・ジャパンは、2006年に設立されたNPO団体です。個人会員342名／法人会員17社（2018年6月末現在）で活動しています。ファザーリング・ジャパンは、年間1000回を超える講座イベントを実施するほか、イクボス（経営管理職の意識変革）、マザーリング・プロジェクト（女性活躍推進）、パートナーシップ・プロジェクト、メインマンプロジェクト（発達障害児の育ちを応援）、さんきゅーパパプロジェクト（男性の育休取得促進）、イクジイ（孫育て応援）、などのプロジェクトを展開しています。

パパとママの育児戦略

2018年10月12日　　第1刷発行

著者　　　　　NPO法人ファザーリング・ジャパン

イラスト　　　河南 好美

編集人　　　　諏訪部 伸一、江川 淳子、野呂 志帆
発行人　　　　諏訪部 貴伸
発行所　　　　repicbook（リピックブック）株式会社
　　　　　　　〒353-0004　埼玉県志木市本町5-11-8
　　　　　　　TEL　048-476-1877
　　　　　　　FAX　048-483-4227
　　　　　　　http://repicbook.com
印刷・製本　　株式会社シナノパブリッシングプレス

乱丁・落丁本は、小社送料負担にてお取り替えいたします。
この作品を許可なくして転載・複製しないでください。
紙のはしや本のかどで手や指を傷つけることがありますのでご注意ください。

© 2018 repicbook, Inc.　Printed in Japan　ISBN978-4-908154-15-7